MARIUS

COU TEAUX

MÉLANIE
MARTIN

L'ART  DE LA COUPE EN CUISINE

hachette
CUISINE

MARIUS

MÉLANIE MARTIN

COUTEAUX

STYLISME ET RECETTES : MÉLANIE MARTIN

PHOTOGRAPHIES : EMANUELA CINO

L'ART  DE LA COUPE EN CUISINE

hachette
CUISINE

PRÉFACE

L'âme du cuisinier accompli est en trois temps ; maîtrise du geste « coupe juste, goût juste », maîtrise du feu et maîtrise du temps. Pour arriver à cela, il faut savoir entretenir son outil de travail qui est le couteau. Cette lame d'acier ne supporte pas l'à-peu-près.

Le manche, adapté à la main, la longueur de la lame adaptée au produit à découper. L'affûtage de cette lame est essentiel.

Miyamoto Musashi, dans un de ses ouvrages, parle de l'affûteur. Il écrit : « affûteur de lame, affûteur d'âme ». Je crois que cette maxime est juste. Marius le Rémouleur est l'un de ces artisans ; affûteur de lame et affûteur d'âme.

Un chef de cuisine sait choisir son affûteur. Pour moi, cette rencontre était évidente. Cet homme, qui a pratiqué la cuisine, connaissait donc l'outil majeur du cuisinier.

Thierry Marx

MANDARIN ORIENTAL
PARIS

Rémouleur!
D

INTRODUCTION

MARIUS, LE RÉMOULEUR À BORD D'UN « BRITISH CAB »

Didier Mouche, alias « Marius », a longtemps été cuisinier et affûtait lui-même ses couteaux. Jusqu'au jour où il s'est décidé à changer de métier pour devenir rémouleur. Il est alors parti en stage pendant trois semaines au centre FCTV à Beaumarchés, dans le Gers, pour se former aux différentes techniques d'affûtage, en passant par les différentes formes de taillants, les différents types de lames, les différentes pierres à grain et les différentes machines.

C'est en taxi londonien que lui est venue l'idée de ressusciter ce petit métier de rémouleur.

Travaillant autant pour les professionnels que pour les particuliers, Marius affûte aujourd'hui toutes sortes de couteaux, ciseaux et lames tranchantes sur place, à l'adresse indiquée lors de la prise d'un rendez-vous. L'affûtage se fait minute à bord de son « British Cab » complètement rétro. C'est avec l'aide de son père que Marius a adapté à l'arrière de son taxi un véritable atelier d'affûtage ambulant, avec l'arrivée d'eau et d'électricité qui le rend totalement indépendant sur la voie publique.

Marius est aujourd'hui l'affûteur de 587 lieux différents comprenant restaurateurs, bouchers, poissonniers et plein d'autres artisans qui utilisent couteaux et ciseaux en tout genre. En association à ce projet, la photographe Emanuela Cino a eu l'idée de réaliser différents reportages afin de présenter pleinement le métier de Marius. Ainsi, vous retrouverez tout au long du livre des reportages réalisés dans certains de ces lieux comme les restaurants LaTarte, Les Amis des Messina, Les Fous de l'île, ou encore La boucherie moderne et La poissonnerie de Monge. Marius compte également parmi sa clientèle plusieurs grands noms

de la gastronomie française comme Thierry Marx, qui a eu l'extrême gentillesse de nous recevoir et de nous donner un peu de son temps pour préfacer ce livre.

Marius sillonne aujourd'hui les rues parisiennes et développe son activité en banlieue avec l'arrivée d'un deuxième taxi à partir du 15 juin 2016. Un autre taxi a vu le jour le 1er septembre avec, cette fois-ci, un tout autre service, celui de la gravure. Et comme Marius a plus d'un tour dans son sac et surtout cent idées à la minute, nous découvrirons certainement d'autres concepts innovants dans les prochaines années à venir !

LA COUPE, L'UN DES GESTES LES PLUS PRÉCIEUX ET PRÉCIS DANS L'ART DE CUISINER

Nous nous sommes rencontrés avec Marius lors d'un salon professionnel il y a deux ans. Il y présentait le métier de rémouleur, les différentes techniques d'affûtage et surtout son concept d'atelier ambulant. Nous avons beaucoup échangé sur son ancien métier de cuisinier et sur sa nouvelle reconversion. Nous nous sommes revus ensuite de nombreuses fois autour de plats canailles pour discuter de différents projets, et l'idée de transmission d'un savoir-faire s'est tout de suite imposée à nous...

Pour bien cuisiner, mieux vaut disposer de bons ustensiles, et notamment de bons couteaux. Surtout lorsqu'il s'agit de couper, trancher, émincer... Tous les couteaux ont des usages différents selon leur forme, leur lame, et ils représentent à eux seuls un véritable investissement. L'univers des couteaux est très étendu et chacun d'eux remplit une ou plusieurs fonctions spécifiques en cuisine.

Le choix de l'outil adéquat peut se montrer souvent difficile entre un couteau éminceur, un couteau trancheur, un couteau filet de sole... C'est pourquoi nous avons eu l'idée avec Marius d'en faire un livre complet. Nous avons voulu mettre en avant le choix du bon couteau en fonction de l'ingrédient à préparer et de la technique de coupe à réaliser.

Ainsi, nous avons regroupé les couteaux par grandes familles d'ingrédients, – les poissons, les viandes, les légumes et les pains, les fromages et les fruits –, puis nous avons imaginé autour des recettes faciles à réaliser, présentant les différentes techniques de coupe. Lever un filet de poisson, tailler en carpaccio, parer et désosser, tailler en brunoise... n'auront plus de secret pour vous !

AVANT DE COMMENCER EN CUISINE

Découvrez le glossaire qui vous permettra de vérifier si vous avez tous les bons couteaux et de vous équiper si besoin. Ensuite, vous trouverez les bons conseils d'entretien, à savoir l'affûtage et l'affilage, essentiels au prolongement de vie de vos lames et au bon maintien de la coupe. Vous comprendrez très vite qu'un couteau qui ne coupe pas devient dangereux et qu'il fait perdre beaucoup de temps et d'énergie à celui qui cuisine !

Une fois équipé, partez en cuisine et retrouvez au début de chaque recette un ou plusieurs pictogrammes représentant les couteaux dont vous aurez besoin pour la réaliser. Les travaux pratiques de découpe y seront détaillés point par point afin que vous puissiez au mieux les reproduire.

Mélanie Martin

scheppach
hg 200al
MAIER

SOMMAIRE

DE LAMES
de Paris...
MARIUS

LE TAILLANT :

Il est situé dans le prolongement des deux faces de la lame. Il est obtenu lors de l'affûtage, sa forme biseautée correspond à un angle qui doit être constant sur toute la longueur. À l'extrémité du taillant se trouve le fil.

LE FIL :

C'est la partie coupante du couteau, il ne se voit pas à l'œil nu. Le fil est fragile, il peut se déformer, onduler et ainsi se décentrer. Au fur et à mesure de l'utilisation du couteau, le fil s'use, il faut donc l'entretenir avec la technique d'affilage. La capacité de coupe du couteau est directement liée à l'état du fil.

LA GARDE :

Véritable protection pour les mains, la garde sécurise les manipulations de l'utilisateur.

LES RIVETS :

Cylindriques à épaulement, ils maintiennent les deux parties du manche ou « côtes » de part et d'autre de la continuité de la lame.

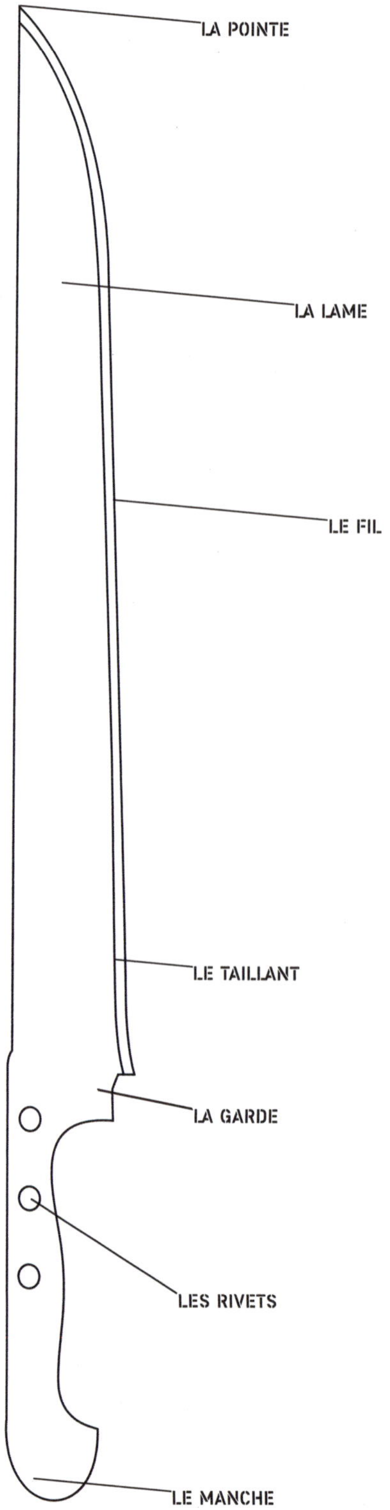

PALLARES
SOLSONA

L'AFFÛTAGE

Pour qu'un couteau coupe bien, il convient de lui donner ou de lui redonner un pouvoir de coupe optimal. Lorsque l'affilage du couteau ne suffit plus, il faut alors passer à l'étape d'affûtage. Cette action consiste à restaurer la qualité du taillant et à ramener du fil au couteau à l'aide d'un équipement spécifique.

VOICI LES QUATRE OPÉRATIONS DE L'AFFÛTAGE

La mise en forme du taillant : cela consiste à enlever une fine couche de métal tout le long du taillant du couteau, jusqu'à l'apparition d'une bavure (morfil), afin d'éliminer l'ancien fil. Cette opération vise à obtenir un angle constant dans l'axe de la lame sur toute sa longueur.

L'émorfilage : cette opération consiste à éliminer les bavures métalliques (morfil) apparues lors de l'opération de la mise en forme du taillant. Le morfil est un petit filament de métal attaché au fil dans le prolongement du taillant ; lorsqu'on l'élimine, on voit apparaître le fil.

Le polissage du tranchant : cela consiste à supprimer les stries et les rayures provoquées lors de l'usure de la lame et la mise en forme du taillant. Il permet de diminuer le coefficient de frottement de la lame au contact des aliments.

L'alignement du fil : c'est la dernière étape de l'affûtage, qui se fait à l'aide du matériel d'affilage.

Il faut ensuite nettoyer le couteau pour pouvoir l'utiliser.

LES OUTILS DE MARIUS

❶ la meule sèche, pierre grise (grain 800), sert à reformer la lame du couteau s'il y a eu des à-coups, elle redonne leur forme initiale aux couteaux usagés.

❷ la meule sèche, pierre blanche d'Avignon (grain très fin 1 200), sert à façonner le taillant de la lame du couteau.

❸ la meule à eau sert à amener du fil au couteau.

❹ le disque coton et l'enduit de pâte servent à l'émorfilage.

❺ le disque tissu et la pâte à lustrer servent à lustrer la lame du couteau.

❻ le disque cuir sert à la finition du fil, c'est-à-dire à remettre le fil droit dans son axe, pour donner un effet rasoir.

1

2

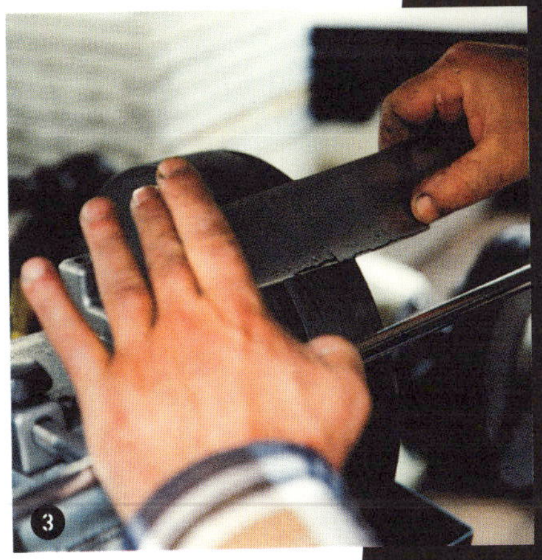
3

4

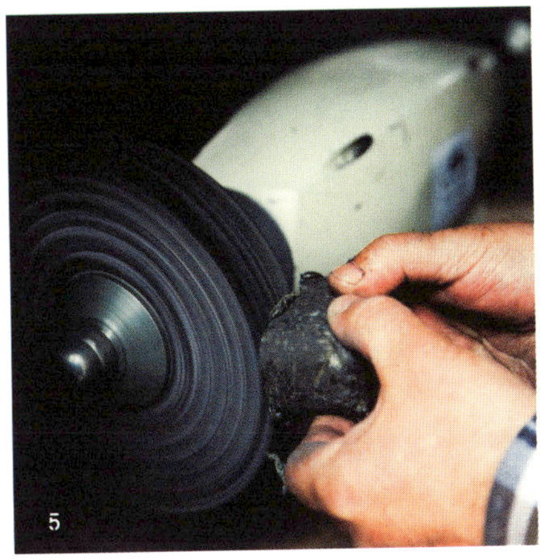
5

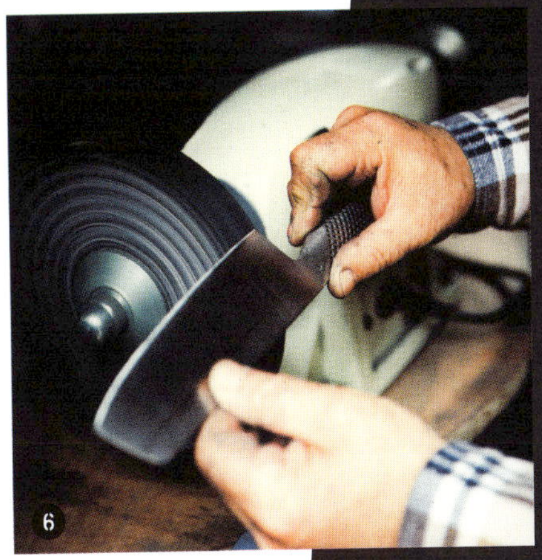
6

L'AFFILAGE

Pour qu'un couteau coupe, il faut l'entretenir et faire en sorte de conserver une bonne qualité de coupe tout au long d'une journée ou de la réalisation d'une recette. C'est la raison pour laquelle l'affilage est très important. L'affilage consiste à garder le plus longtemps possible le fil et l'angle donnés par l'affûtage. Cette action consiste à recentrer le fil du couteau dans l'axe du taillant. L'affilage doit être exécuté régulièrement et fréquemment pour conserver le plus longtemps possible le pouvoir de coupe du couteau.

Pour effectuer l'affilage, on utilise un fusil. Il est nécessaire que le fusil et le couteau soient propres avant de commencer.

Le fusil est constitué d'une tige en acier chromé très dur prolongée par un manche. Sa pointe est aimantée afin de retenir les fines particules de métal produites lors du frottement du fil sur la mèche. Les tiges peuvent être striées, permettant de retravailler le taillant avant de reformer le fil, ou lisses pour agir uniquement sur le fil.

LES GESTES D'AFFILAGE

❶ Tenez le fusil d'une main et le couteau de l'autre. Le couteau doit être au-dessus du fusil.

❷ Basculez le couteau pour que l'angle entre la lame et le fusil à aiguiser soit dans le prolongement de l'angle du taillant. L'angle diffère en fonction des couteaux, il va de 15° à 30°.

❸ La lame du couteau doit être perpendiculaire au fusil. Faites glisser le fil en partant du talon pour aller jusqu'à la pointe du couteau, en utilisant toute la longueur du fusil. Si le couteau est très grand, faites un mouvement circulaire afin que toute la lame glisse sur le fusil. Pendant cette opération, exercez une légère pression sur la lame, vous entretiendrez de cette manière le fil. Replacez ensuite le couteau sous le fusil, toujours dans le même angle approprié. Faites glisser la lame de la même manière sur l'acier. Répétez cette opération environ 6 à 8 fois ; tant qu'il y a de l'accroche, le fil n'est pas terminé, il faut donc continuer.

POISSONS

LA POISSONNERIE DE MONGE

70, rue Monge - 75005 Paris

Installée depuis trois générations, cette boutique familiale tenue par Arnaud Quoniam propose un large choix de produits. Faisant partie des rares boutiques de poissonnerie qui résistent au marché parisien, cette dernière met en avant une fraîcheur et une qualité au quotidien, avec un travail toujours en lien avec la saisonnalité. C'est en croisant le taxi de Marius qu'Arnaud a eu l'idée d'appeler le maître affûteur : depuis, il fait affûter tous les couteaux de la poissonnerie une fois par mois.

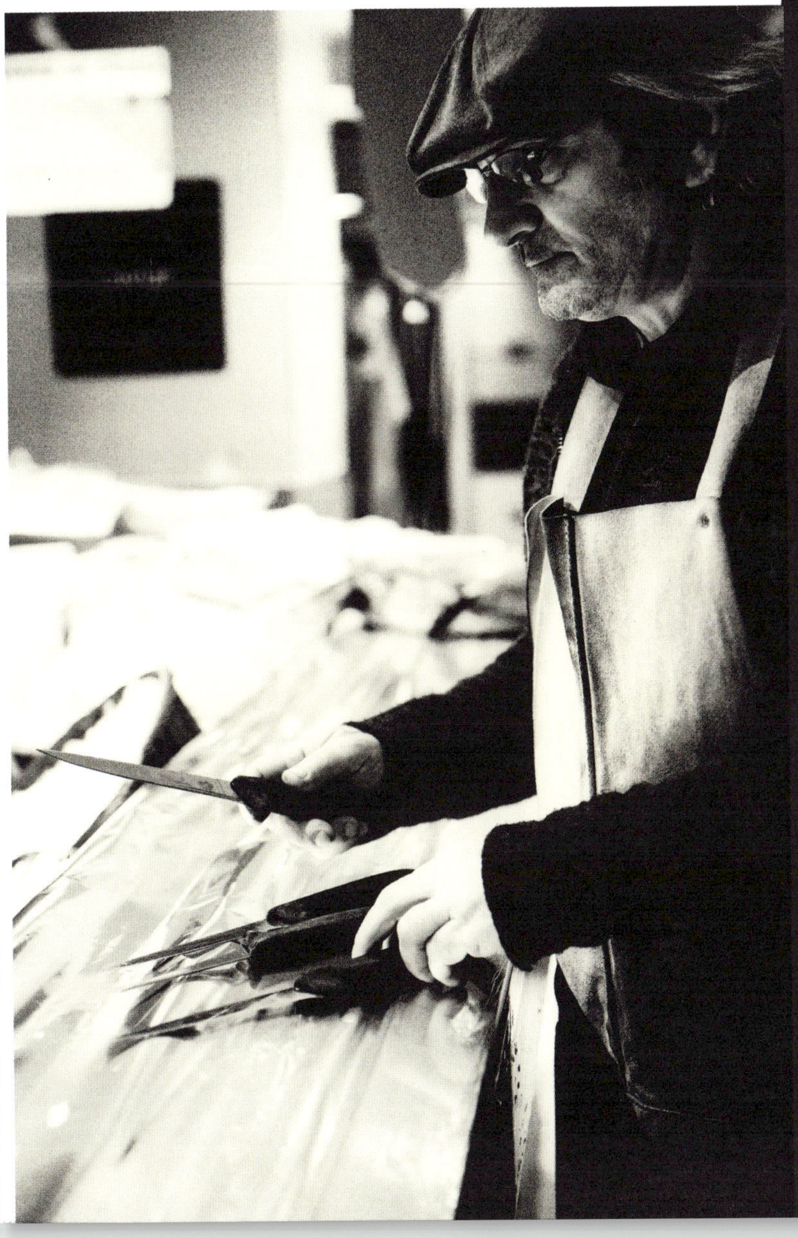

PRÉPARER UN FILET DE SAUMON

❶ Entaillez la tête des deux côtés.

❷ Incisez le long de l'épine dorsale sur toute la longueur du saumon.

❸ Longez l'arête dorsale en tenant la lame du couteau vers l'arête (il ne doit pas rester de chair sur l'arête).

❹ Retournez le saumon et faites glisser la lame entre l'arête et la chair, tout en maintenant l'arête.

❺ Dégraissez et désarêtez les filets de saumon.

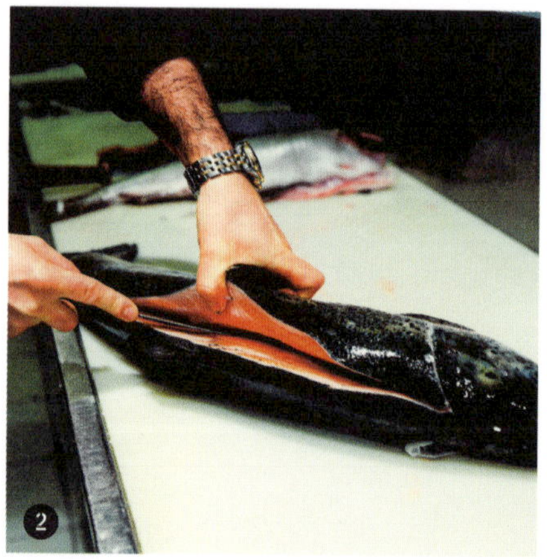

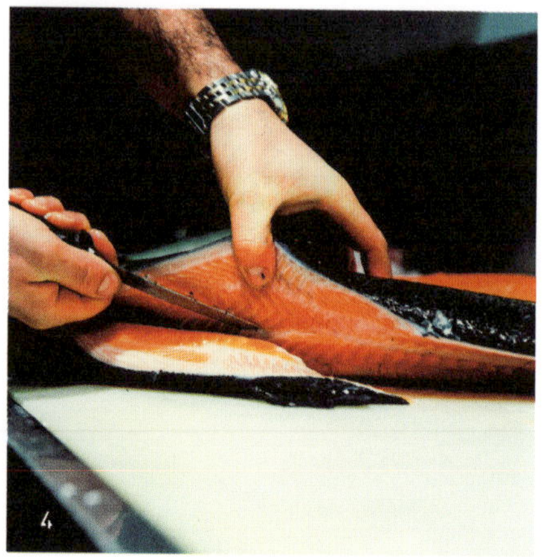

LEVER LES FILETS D'UN POISSON ROND

❶ Ouvrez avec les ciseaux le ventre en partant de l'orifice anal et en remontant vers la tête et videz tout l'intérieur.

❷ Incisez le long de l'épine dorsale sur toute la longueur du poisson.

❸ Longez l'arête dorsale en tenant la lame du couteau vers l'arête (il ne doit pas rester de chair sur l'arête).

❹ Placez les filets de poisson la peau contre la planche à découper. Faites une légère incision au niveau de la queue (partie basse) sans transpercer la peau, seule la chair doit être coupée. Décollez légèrement la peau, maintenez-la du bout des doigts. Glissez délicatement la lame du couteau entre la chair du filet et la peau en donnant un léger mouvement de va-et-vient à l'horizontal.

1

2

❸

❸

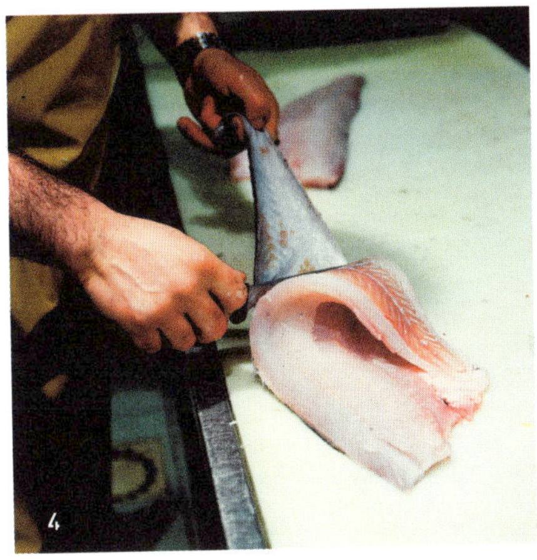
4

COUPER DU THON EN STEAKS

Découpez la longe de thon en steaks sur une épaisseur d'environ 3 cm avec un couteau trancheur 25 cm.

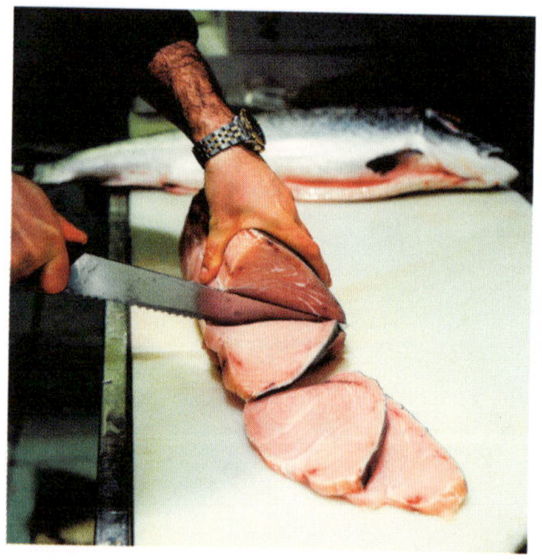

LES COUTEAUX

❷ Filet de sole (25 cm pour les turbots)

❸ Filet de sole (20 cm pour poisson plat type sole)

❹ Filet de sole (20 cm pour poisson plat type sole)

❺ Filet de sole (15 cm pour les petits poissons type maquereaux)

1 Couteau à lame alvéolée
6 Couteau d'office
7 Ciseaux à oursins
8v Couteau à huîtres
9 Couteau à saint-jacques
10 Ciseaux à poisson

2, 3, 4, 5

Filet de sole

Sa lame flexible permet de lever des filets de poisson et de les découper en tranches extrêmement minces. De plus, la grande élasticité et la finesse de sa lame garantissent une découpe très précise. Ce couteau existe dans différentes tailles : la lame de 25 cm servira à la découpe des turbots, la lame de 20 cm pour les poissons plats type sole et la lame de 15 cm pour les petits poissons type maquereau.

1

Couteau à lame alvéolée

Il est spécialement désigné pour la coupe délicate de fines tranches de poisson, notamment pour le saumon fumé.

6

Couteau d'office

C'est le petit couteau polyvalent à la lame mince et semi-pointue. Il est utile dans la préparation de légumes, de poisson, d'herbes et de desserts. Il est indispensable en cuisine pour couper, éplucher, etc.

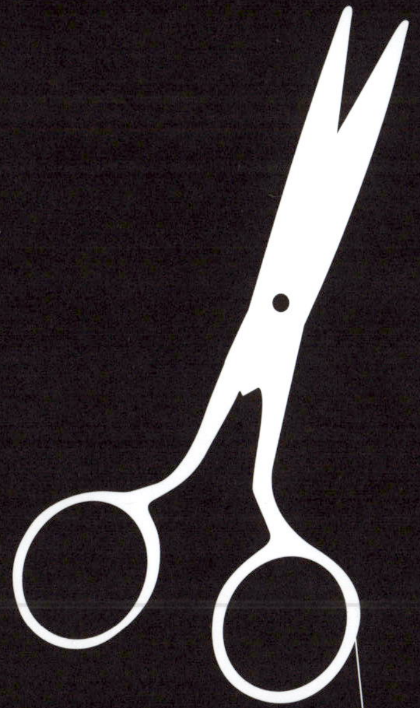

7

Ciseaux à oursins

Ses petites lames permettent de tourner plus facilement autour de la carapace, ses longues branches tiennent les doigts éloignés des piquants de l'oursin.

8

Couteau à huîtres

Il se distingue par une lame très courte et fine, dont les deux bords sont identiques. C'est l'outil idéal, voire indispensable pour l'ouverture des huîtres.

9

Couteau à saint-jacques

Il présente une lame cossue et conçue pour un décoquillage rapide, simple et efficace des noix de saint-jacques.

10

Ciseaux à poisson

Ils ont une forme spécialement prévue pour la préparation du poisson. Le dos de la lame peut être doublé d'un écailleur et les lames rigides permettent la découpe de la peau.
Ces ciseaux sont très efficaces pour couper des poissons plats en morceaux, mais également les nageoires et les grosses arêtes.

PAPILLOTES DE BAR AUX PALOURDES

TECHNIQUE : LEVER LES FILETS D'UN POISSON ROND

1 Faites tremper les palourdes dans un saladier rempli d'eau froide salée pendant 3 h, en changeant l'eau régulièrement.

2 **Levez les filets du poisson.** Rincez les poissons sous l'eau, épongez-les avec du papier absorbant. Posez le premier bar à plat sur une planche à découper, la queue placée vers vous et l'épine dorsale à droite. Posez la main gauche à plat sur le bar pour bien tendre la peau au niveau de l'épine (l'arête) dorsale. Pratiquez une première incision avec le filet de sole à 2 ou 3 mm au-dessous de l'épine dorsale pour commencer à dégager l'arête. Levez délicatement le premier filet en longeant l'arête centrale et en taillant avec un geste net pour éviter d'endommager la chair du poisson. Levez le second filet, dégagez l'arête en passant le filet de sole dessous et en prolongeant la seconde incision comme pour le premier filet. Coupez ensuite les contours de chaque filet. Ôtez les arêtes restantes à l'aide d'une pince à désarêter. Répétez toute l'opération pour le second bar.

3 Épluchez et lavez les poireaux, puis taillez-les en fines rondelles avec l'éminceur 20 cm.

4 Coupez 4 feuilles de papier d'aluminium d'une longueur de 40 cm environ. Préchauffez le four à 180 °C (th. 6).

5 Dans une poêle, faites suer les poireaux avec 1 cuil. à soupe d'huile d'olive à feu doux pendant 10 min. Remuez régulièrement et salez.

6 Lavez et coupez le citron en rondelles.

7 Répartissez les poireaux sur les 4 feuilles de papier d'aluminium, déposez par-dessus 1 filet de bar, 1 rondelle de citron, 1 feuille de laurier, 1 brin de thym, 1 gousse d'ail non pelée et quelques palourdes égouttées. Arrosez l'ensemble de 1 filet d'huile d'olive, puis salez et poivrez. Enfournez pour 10 min. Les papillotes doivent gonfler sous l'effet de la vapeur.

8 Sortez les papillotes du four et laissez-les fermées jusqu'au moment de déguster.

COUTEAUX :
filet de sole de 20 cm
+ éminceur 20 cm

PRÉPARATION :
20 min

TREMPAGE :
3 h

CUISSON :
20 min

POUR 4 PERSONNES

INGRÉDIENTS :
- 2 bars de 500 g chacun, écaillés
- 30 palourdes
- 2 poireaux
- 5 cuil. à soupe d'huile d'olive
- 1 citron bio
- 4 feuilles de laurier
- 4 brins de thym
- 4 gousses d'ail rose
- Fleur de sel et poivre du moulin

CEVICHE DE DAURADE À LA CORIANDRE

TECHNIQUE : COUPER DU POISSON CRU EN DÉS

1 Pelez le gingembre avec l'Économe. Hachez-le finement ainsi que la gousse d'ail avec l'éminceur 20 cm. Coupez le piment en deux avec l'éminceur, épépinez-le et hachez-le (lavez-vous bien les mains ensuite). Effeuillez et ciselez la coriandre avec l'éminceur. Lavez et retirez le pédoncule des tomates vertes, coupez-les en tout petits dés.

2 **Coupez la daurade crue en dés.** Avec le filet de sole, coupez des tranches de daurade à la perpendiculaire des stries du poisson, puis recoupez les tranches en dés.

3 Prélevez le zeste de 1 citron vert avec un zesteur et pressez le jus des 2 citrons. Dans un grand récipient, mettez les dés de daurade, le gingembre, l'ail et le piment hachés, les dés de tomate et la coriandre ciselée. Versez par-dessus le jus de citron vert, assaisonnez avec de la fleur de sel et parsemez de zestes de citron. Placez au frais pendant 10 min, en remuant de temps en temps.

4 Servez dans un bol avec 1 grosse cuillère à soupe de marinade. Dégustez aussitôt.

COUTEAUX :
filet de sole de 15 cm
+ Économe
+ éminceur 20 cm

PRÉPARATION :
25 min

CUISSON :
15 min

RÉFRIGÉRATION :
10 min

POUR 4 PERSONNES

INGRÉDIENTS :
400 g de filet de daurade (sans peau ni arêtes)
1 bouquet de coriandre
1 morceau de gingembre de 3 cm
1 gousse d'ail
1 piment rouge frais
2 tomates vertes
2 citrons verts
Fleur de sel

GRAVLAX DE SAUMON ET SAUCE VIERGE À L'ANETH

TECHNIQUE : TRANCHER DU SAUMON GRAVLAX (OU FUMÉ)

1 Dans une poêle, torréfiez l'anis et le poivre à feu doux pendant quelques minutes, en remuant sans arrêt. Laissez refroidir hors du feu. Concassez-les dans un mortier. Mélangez-les avec le gros sel, le sucre, l'aneth ciselée avec l'éminceur 20 cm et la coriandre. Versez cette préparation dans un plat creux et déposez le saumon avec la chair sans peau au contact du sel. Recouvrez bien les bords de chair apparents du mélange sel-sucre, couvrez le plat de film alimentaire et mettez au réfrigérateur pendant 24 h.

2 Préparez la sauce vierge. Pelez et ciselez l'oignon rouge avec l'éminceur 20 cm. Retirez le pédoncule de la tomate, coupez-la en quatre, retirez les graines et la pulpe. Taillez en brunoise avec l'éminceur 20 cm la chair de la tomate ainsi que les poivrons, taillez-les en lamelles d'environ 0,5 cm dans le sens de la longueur. Coupez chaque lamelle en longs bâtonnets puis chaque bâtonnet en dés, vous devez obtenir des petits dés (brunoise) de 0,5 cm. Ciselez l'aneth avec l'éminceur 10 cm. Mélangez tous les ingrédients dans un bol et versez l'huile d'olive et le vinaigre balsamique. Salez, poivrez et mélangez bien. Réservez.

3 **Tranchez le saumon.** Rincez le saumon sous un filet d'eau froide puis épongez-le délicatement avec du papier absorbant avant de le trancher. Posez le couteau à poisson à lame alvéolée le plus à plat possible sur le filet de saumon, maintenez sans appuyer le saumon avec l'autre main, puis coupez des tranches les plus fines possibles en réalisant d'amples mouvements de va-et-vient dans la chair du saumon. Vous devez toujours voir la lame du couteau en transparence de la chair, ce sera le repère visuel pour éviter d'enfoncer trop profondément la lame.

4 Déposez les tranches de saumon sur des assiettes et ajoutez 1 cuil. à soupe de sauce vierge. Dégustez froid.

COUTEAUX :
couteau à lame al
+ éminceur 20 c
+ éminceur 10 c
+ couteau à poiss

PRÉPARATION :
25 min

CUISSON :
3 min

RÉFRIGÉRATION :
24 h

POUR 4 PERSONNES

INGRÉDIENTS :
600 g de filet de saum
avec la peau écaillée
1 cuil. à café de graines
d'anis vert
1 cuil. à café de poivre
200 g de gros sel
200 g de sucre blanc
ou roux
1 bouquet d'aneth
1 cuil. à café de coriandre
en poudre

SAUCE VIERGE :
½ oignon rouge
1 tomate
¼ de poivron rouge
¼ de poivron jaune
¼ de poivron vert
3 brins d'aneth
15 cl d'huile d'olive
5 cl de vinaigre
balsamique blanc
Sel et poivre du moulin

SAINT-JACQUES POÊLÉES ET VELOUTÉ D'ASPERGES VERTES

TECHNIQUE : DÉCOQUILLER UNE NOIX DE SAINT-JACQUES

COUTEAUX :
couteau à saint-jacques
+ couteau d'office
+ éminceur 10 cm

PRÉPARATION :
40 min

CUISSON :
30 min

POUR 4 PERSONNES

INGRÉDIENTS :
12 noix de saint-jacques
1 grosse botte d'asperges vertes
1 échalote
40 g de beurre
40 cl de bouillon de légumes bio
10 cl de crème liquide
Fleur de sel et poivre du moulin

1 Avec le couteau d'office, pelez l'échalote et émincez-la avec l'éminceur 10 cm. Coupez les têtes des asperges. Réservez. Taillez en rondelles les tiges des asperges avec l'éminceur 10 cm et ôtez la partie la plus dure située au pied de l'asperge.

2 Faites fondre 20 g de beurre et faites suer l'échalote avec 1 pincée de sel. Lorsqu'elle est translucide, ajoutez les rondelles d'asperges et continuez la cuisson à feu doux pendant 5 min. Versez ensuite le bouillon, portez à ébullition puis baissez le feu et poursuivez la cuisson pendant 15 min sans couvrir.

3 Plongez les têtes d'asperges dans une casserole d'eau bouillante pendant 3 min. Rafraîchissez-les dans un bain d'eau glacée. Égouttez-les sur du papier absorbant et réservez-les pour la décoration finale.

4 Mixez finement les tiges d'asperges dans un blender en versant la crème liquide puis au fur et à mesure le bouillon, rectifiez l'assaisonnement. Passez le velouté au travers d'une fine passoire pour enlever les éventuels résidus, puis gardez au chaud.

5 **Décoquillez les noix de saint-jacques.** Protégez votre main d'un torchon épais. Déposez par-dessus une coquille, creux de la coquille dans la main et charnière en haut. Positionnez la lame du couteau à saint-jacques au niveau du muscle qui se situe près de la charnière à droite. Introduisez ensuite la lame, coupez le muscle en raclant la coquille supérieure pour ne pas endommager la chair, puis soulevez la coquille. Retirez la partie visqueuse tout autour et rincez pour enlever les parties sablonneuses. Détachez ensuite le corail et la noix à l'aide d'une cuillère à soupe. Éliminez le corail et retirez le petit muscle qui se situe sur le côté de la noix. Rincez la noix sous l'eau froide et épongez-la sur des feuilles de papier absorbant.

6 Dans une poêle, faites chauffer le reste de beurre jusqu'à ce qu'il devienne mousseux et légèrement noisette, puis ajoutez les noix. Faites dorer pendant 2 min, salez et poivrez, puis retournez-les et faites-les dorer 2 min sur l'autre face. Répartissez le velouté d'asperges dans des assiettes creuses, puis déposez par-dessus les noix de saint-jacques et les têtes d'asperges. Salez et poivrez.

HOMARD RÔTI AU BEURRE DE CITRON

TECHNIQUE : PRÉPARER ET DÉCOUPER UN HOMARD VIVANT EN DEUX POUR LE RÔTIR

1 Placez les homards pendant 20 min au congélateur pour les anesthésier.

2 Prélevez le zeste du citron avec une râpe ou un zesteur et pressez le jus dans un bol, puis filtrez-le. Dans un bol au bain-marie, mettez le beurre, le zeste et le jus de citron. Faites fondre, tout en mélangeant.

3 Préchauffez le four à 220 °C (th. 7-8).

4 **Préparez et découpez les homards vivants.** Avec l'émin-ceur 25 cm, fendez le homard sur toute sa longueur en com-mençant entre les yeux. À l'aide d'une petite cuillère, retirez le boyau noir, la poche à gravier, le corail (vert-gris) et le foie qui se situent à la moitié du coffre du homard. Sectionnez avec l'émínceur les 2 pinces. Avec le dos de l'émínceur (ou le manche), brisez la grosse partie des pinces puis les 2 petites pour faciliter la cuisson.

5 Placez les homards sans qu'ils se chevauchent dans un plat allant au four avec les pinces. Arrosez le tout de beurre au citron et enfournez pour 12 à 15 min. Salez et poivrez à la sortie du four. Dégustez chaud.

COUTEAU :
éminceur 25 cm

PRÉPARATION :
20 min

CUISSON :
15 min

CONGÉLATION :
20 min

POUR 4 PERSONNES

INGRÉDIENTS :
2 homards
100 g de beurre
1 citron non traité
Fleur de sel et poivre du moulin

RAVIOLES À L'ARAIGNÉE DE MER

TECHNIQUE : PARER ET VIDER UNE ARAIGNÉE

1 Tamisez la farine, creusez un puits et versez-y les œufs battus. Mélangez afin d'obtenir une pâte homogène. Enveloppez d'un film alimentaire et laissez reposer à température ambiante pendant 20 min.

2 Pendant ce temps, plongez l'araignée dans 2 l d'eau bouillante salée pendant 17 min.

3 **Parez et videz l'araignée.** Ouvrez l'araignée en soulevant la carapace supérieure. Avec les ciseaux à oursins et une cuillère à café, videz-la. Arrachez la queue, puis les pattes et les pinces. Cassez les pattes à l'articulation du milieu. Avec le dos de l'éminceur 20 cm, fendez-les d'un coup sec pour en extraire la chair à l'aide d'une pointe de brochette en Inox. Découpez ensuite le ventre avec l'éminceur et récupérez la chair.

4 Pelez le gingembre avec l'Économe, puis réduisez-le en purée avec le hachoir. Ciselez la coriandre avec l'éminceur 10 cm.

5 Dans un bol, mélangez la chair de l'araignée avec le fromage frais, le gingembre, la coriandre, le curry, du sel et du poivre.

6 Étalez finement la pâte en forme de rectangle en farinant régulièrement, vous pouvez utiliser un laminoir. Déposez à intervalles réguliers de 5 cm 1 cuil. à café du mélange au fromage frais sur la pâte. Humectez à l'aide d'un pinceau trempé dans l'eau tout autour de la farce. Placez une autre feuille de pâte rectangulaire sur le dessus et pressez tout autour de la pâte pour chasser l'air et coller les feuilles de pâte entre elles. Coupez ensuite les ravioles à l'aide d'un emporte-pièce en laissant 1,5 cm de pâte autour de la farce.

7 Ciselez la citronnelle avec l'éminceur 10 cm.

8 Faites bouillir 65 cl d'eau et plongez-y les sachets de bouillon thaï et la citronnelle ciselée. Laissez infuser 7 min. Retirez les sachets et portez de nouveau à ébullition. Baissez le feu et plongez les ravioles dans le bouillon frémissant pendant 3 à 4 min. Sortez-les à l'aide d'une écumoire et déposez-les directement dans des assiettes creuses.

9 Versez un peu de bouillon thaï autour des ravioles dans les assiettes creuses. Arrosez de 1 filet d'huile d'olive. Dégustez chaud.

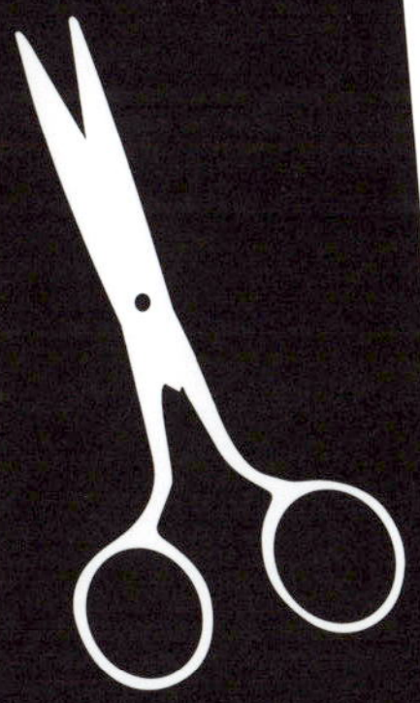

COUTEAUX :
ciseaux à oursins
\+ éminceur 20 cm
\+ Économe
\+ hachoir
\+ éminceur 10 cm

PRÉPARATION :
45 min

CUISSON :
20 min

REPOS :
20 min

INFUSION :
7 min

POUR 4 PERSONNES

INGRÉDIENTS :
1 araignée
200 g de farine
2 œufs
3 cm de gingembre frais
½ bouquet de coriandre
3 cuil. à soupe de fromage frais
1 pincée de curry
1 bâton de citronnelle
2 sachets de bouillon thaï Ariaké (en grandes surfaces)
2 cuil. à soupe d'huile d'olive
Sel et poivre du moulin

ASTUCE
Pour gagner du temps, vous pouvez acheter de la pâte à ravioles toute prête dans les épiceries asiatiques.

GAMBAS FRITES
AU POIVRE DU SICHUAN

TECHNIQUE : OUVRIR UNE GAMBAS PAR LE DOS POUR RETIRER LE BOYAU NOIR

1 Dans une poêle, sans matière grasse, faites légèrement torréfier le poivre pendant 1 à 2 min, puis écrasez-le dans un mortier ou sous un verre. Coupez le citron en quatre. Réservez.

2 **Ouvrez les gambas par le dos.** Détachez la tête des gambas, enlevez la carapace en ne laissant que le dernier anneau de la queue. Tenez une gambas entre vos doigts, pliez en deux et incisez légèrement le dos sur la longueur avec le couteau d'office, en partant de l'endroit où il y avait la tête jusqu'à la moitié de la queue. N'incisez pas trop profondément, vous ne devez pas couper la queue en deux mais seulement ouvrir la chair afin d'atteindre le boyau noir. Avec la pointe du couteau d'office, attrapez le boyau et tirez délicatement dessus pour le retirer complètement. Procédez de la même manière pour les autres gambas.

3 Versez la farine dans une assiette creuse et roulez-y les gambas pour bien les enrober. Mettez-les ensuite dans une passoire et secouez légèrement pour retirer l'excédent de farine.

4 Faites chauffer l'huile dans une large casserole. Lorsque l'huile est chaude, plongez les gambas par 6 à 8, en fonction de la largeur de la casserole, et faites-les cuire pendant 3 à 4 min. Les gambas doivent être dorées. Égouttez-les sur une feuille de papier absorbant et saupoudrez de poivre du Sichuan et de fleur de sel. Servez aussitôt avec 1 quartier de citron.

COUTEAU :
couteau d'office

PRÉPARATION :
16 min

CUISSON :
10 min

CONGÉLATION :
20 min

POUR 4 PERSONNES

INGRÉDIENTS :
500 g de gambas crues
1 cuil. à café de poivre du Sichuan
1 citron
50 g de farine
1 l d'huile de friture
Fleur de sel

THON MI-CUIT, SAUCE TATAKI

TECHNIQUE : TAILLER UN FILET DE THON EN FINES TRANCHES

1 À l'aide d'un pinceau, badigeonnez toute la surface de la longe de thon avec 1 cuil. à soupe d'huile, salez et poivrez, puis roulez le poisson dans les graines de sésame. Le thon doit être entièrement recouvert. Faites chauffer le reste d'huile dans une poêle antiadhésive et faites cuire le thon 30 s de chaque côté. Sortez la longe de la poêle et enroulez-la dans un film alimentaire, puis placez au réfrigérateur pendant 30 min.

2 Préparez la sauce tataki. Lavez et émincez l'oignon nouveau avec l'éminceur 20 cm. Mélangez tous les ingrédients de la sauce dans un bol et réservez.

3 **Taillez le filet de thon en fines tranches.** Sortez le thon du film alimentaire et déposez-le sur une planche à découper. Avec l'éminceur 20 cm, coupez transversalement le filet en tranches d'environ 4 cm d'épaisseur. Basculez la première grosse tranche sur le côté et commencez la découpe en faisant des tranches aussi fines que possible. La lame du couteau doit être perpendiculaire aux stries du thon.

4 Déposez les tranches de thon sur des assiettes et versez la sauce tataki dans des petits bols. Dégustez aussitôt.

COUTEAU :
éminceur 20 cm

PRÉPARATION :
20 min

CUISSON :
1 min

RÉFRIGÉRATION :
30 min

POUR 4 PERSONNES

INGRÉDIENTS :
800 g de filet de thon rouge (sans la partie tendineuse)
2 cuil. à soupe d'huile de pépins de raisin
2 cuil. à soupe de graines de sésame noir et blanc mélangées
Sel et poivre

SAUCE TATAKI :
1 oignon nouveau
1 cuil. à café de gingembre râpé
1 cuil. à soupe de sauce soja
1 cuil. à soupe d'huile de sésame
cuil. à soupe de jus de citron vert

HUÎTRES GRILLÉES AU PROSCIUTTO ET POIVRE NOIR

TECHNIQUE : OUVRIR DES HUÎTRES

1 Lavez, séchez et effeuillez le persil plat. Avec l'éminceur 25 cm, ciselez-le. Pelez et ciselez l'oignon rouge avec l'émincеur 10 cm. Dans un bol, émulsionnez l'huile d'olive, le jus et le zeste de citron, le persil et l'oignon rouge. Placez au réfrigérateur le temps de la préparation.

2 Dans une poêle chaude, sans matière grasse, faites légèrement dorer la tranche de prosciutto 1 min sur chaque face. Coupez-la en petites tranches un peu épaisses avec l'émincеur 20 cm.

3 **Ouvrez les huîtres.** Protégez votre main d'un torchon épais. Déposez par-dessus une huître, partie bombée dans le creux de la main et charnière dirigée vers vous. Positionnez la pointe du couteau à huîtres à l'emplacement du muscle qui se situe sur la droite, aux deux tiers de la hauteur de l'huître en partant de la base. Introduisez la lame du couteau à 3 cm environ du bord extérieur. Sectionnez le muscle en descendant la lame du couteau vers vous. Soulevez la coquille supérieure et détachez la charnière. Jetez l'eau contenue, elle se reformera naturellement. Déposez les huîtres sur un lit de glace ou placez-les au réfrigérateur pendant 30 min.

4 Arrosez les huîtres de la vinaigrette au citron, déposez dans chaque coquille 1 petite tranche de prosciutto et poivrez avec un tour de moulin. Dégustez frais.

COUTEAUX :
couteau à huîtres
+ émincеur 25 cm
+ émincеur 10 cm
+ émincеur 20 cm
+ trancheur 15 cm

PRÉPARATION :
25 min

CUISSON :
2 min

RÉFRIGÉRATION :
30 min

POUR 4 PERSONNES

INGRÉDIENTS :
24 huîtres
1 tranche épaisse (50 g) de prosciutto (dans les épiceries italiennes)
½ bouquet de persil plat
1 oignon rouge
4 cuil. à soupe d'huile d'olive
4 cuil. à soupe de jus de citron
1 cuil. à café de zeste de citron
Poivre noir du moulin

FISH AND CHIPS, MAYONNAISE TARTARE

COUTEAUX :
filet de sole de 20 cm
+ éminceur 20 cm

PRÉPARATION :
45 min

CUISSON :
14 min

REPOS :
10 min

POUR 4 PERSONNES

INGRÉDIENTS :
600 g de filets
de poisson blanc
(type églefin)

FRITES AU COUTEAU :
1 kg de pommes de terre
(farineuses type bintje)
2 l d'huile de friture
Fleur de sel

PÂTE À FISH AND CHIPS :
140 g de farine fluide
25 cl de bière
2 œufs

MAYONNAISE :
1 jaune d'œuf
1 cuil. à café de moutarde forte
20 cl d'huile de pépins de raisin
8 brins de persil plat
6 à 8 cornichons
Sel et poivre du moulin

TECHNIQUE : ENLEVER LA PEAU D'UN FILET DE POISSON

1 Préparez la mayonnaise. Sortez au préalable tous les ingrédients, ils doivent être à température ambiante. Lavez, séchez et effeuillez le persil plat. Avec l'éminceur 20 cm, hachez les cornichons et le persil. Posez un récipient sur un torchon mouillé plié en quatre pour éviter qu'il ne bouge.

2 Mélangez le jaune d'œuf et la moutarde dans le récipient à l'aide d'un fouet, puis versez l'huile en mince filet tout en fouettant. Continuez jusqu'à épuisement de l'huile. La mayonnaise doit être épaisse. Ajoutez les cornichons et le persil hachés. Salez, poivrez et mélangez bien.

3 **Levez la peau des filets de poisson.** Placez les filets de poisson, peau contre une planche à découper, face à vous dans le sens de la hauteur avec la queue en bas (partie la plus étroite). Avec le filet de sole, faites une légère incision au niveau de la queue (partie basse) sans transpercer la peau, seule la chair doit être coupée. Décollez légèrement la peau, maintenez-la du bout des doigts. Glissez délicatement la lame du filet de sole entre la chair du filet et la peau en imprimant un léger mouvement de va-et-vient à l'horizontale.

4 Préparez les frites. Épluchez les pommes de terre, coupez-les en bâtonnets de 6 à 7 cm de long sur 4 mm de large avec l'éminceur 20 cm. Rincez bien les frites dans l'eau pour retirer au maximum l'amidon, laissez égoutter et séchez-les dans un torchon sec. Précuisez les frites dans un bain d'huile à 130-140 °C pendant 5 min. Laissez reposer les frites au moins 10 min.

5 Pendant ce temps, préparez la pâte à fish and chips. Mélangez la farine et la bière, ajoutez les jaunes d'œufs puis les blancs montés en neige ferme en soulevant délicatement la masse. Réservez.

6 Faites cuire les frites dans le même bain d'huile que le premier à une température de 165-170 °C pendant 5 min. Égouttez-les sur du papier absorbant et salez. Gardez au chaud.

7 Trempez généreusement les filets de poisson dans la pâte à fish and chips et faites frire dans l'huile chaude qui a servi à la cuisson des frites, pendant 3 ou 4 min. Égouttez-les sur du papier absorbant et salez. Dégustez chaud avec la mayonnaise tartare.

POULPE
À LA PROVENÇALE

TECHNIQUE : PRÉPARER ET COUPER UN POULPE

1 Préparez et coupez le poulpe. Rincez-le plusieurs fois dans un bain d'eau froide. Avec l'éminceur 10 cm, détachez la tête des tentacules en coupant sous la tête. Videz la tête des organes internes et retournez-la. Parez l'intérieur en enlevant le tissu nerveux qui se décolle facilement, puis coupez-le pour le détacher complètement. Retournez de nouveau la tête et décollez la peau grise avec les doigts. La membrane se décolle avec facilité. Répétez l'opération pour les tentacules (facultatif). Coupez ensuite le corps et les tentacules en morceaux.

2 Dans une grande cocotte, déposez les morceaux de poulpe. Placez la cocotte à feu très doux, couvrez et laissez cuire 30 min, jusqu'à ce que le poulpe soit rose et que les tentacules se soient enroulés.

3 Pendant ce temps, lavez les poireaux. Avec l'éminceur 20 cm, ôtez la partie vert foncé puis coupez le reste en tronçons de 5 cm. Lavez de nouveau et égouttez. Dans une grande poêle, faites chauffer 2 cuil. à soupe d'huile d'olive, placez-y les tronçons de poireaux et faites cuire à découvert à feu doux pendant 15 min pour les dorer. Saupoudrez alors de sucre roux et ajoutez le vinaigre. Laissez caraméliser 10 min.

4 Ajoutez le reste d'huile d'olive, le vin blanc, le laurier et les grains de poivre dans la cocotte contenant le poulpe. Laissez mijoter 15 min, puis ajoutez les tomates cerise préalablement lavées et équeutées. Salez et poivrez.

5 Ajoutez, dans la poêle contenant les poireaux, les tomates séchées et le poulpe. Laissez encore confire pendant 20 min. Dégustez chaud.

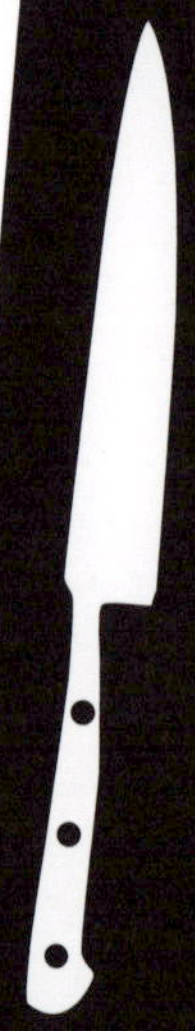

COUTEAUX :
éminceur 10 cm
+ éminceur 20 cm

PRÉPARATION :
45 min

CUISSON :
1 h 30

POUR 4 PERSONNES

INGRÉDIENTS :
1 poulpe de 1,5 à 2 kg
250 g de tomates cerise
10 tomates séchées
5 poireaux
4 cuil. à soupe d'huile d'olive
1 cuil. à soupe de sucre roux
3 cuil. à soupe de vinaigre balsamique blanc (ou de cidre)
12 cl de vin blanc sec
2 feuilles de laurier
10 grains de poivre
Sel et poivre du moulin

ASTUCE
Vous pouvez accompagner ce plat de riz blanc.

DAURADE EN CROÛTE DE SEL PARFUMÉE AU THYM ET CITRON

TECHNIQUE : VIDER UN POISSON PAR LES OUÏES

1 Videz les poissons par les ouïes. Posez la daurade à plat sur le plan de travail. Ôtez les ouïes en soulevant les volets autour de la tête et détachez la chair avec le couteau d'office et les ciseaux à oursins. Videz le poisson par les ouïes sans l'éventrer. Utilisez le dos d'une fourchette pour attraper les entrailles du poisson. Raclez bien avec la fourchette à l'intérieur, le long de l'arête principale, afin de dégager au maximum le sang figé. Lavez l'intérieur du poisson sous l'eau froide et faites-la évacuer par l'ouverture des ouïes, puis épongez le poisson.

2 Préparez la croûte de sel. Préchauffez le four à 220 °C (th. 7-8).

3 Rincez et hachez le thym. Mélangez-le avec le zeste de citron et le gros sel. Versez la moitié de cette préparation sur une plaque de cuisson recouverte d'une feuille de papier sulfurisé, tassez bien avec les mains. Déposez par-dessus les daurades et recouvrez-les du reste de sel aromatisé. Le poisson doit être intégralement recouvert. Aspergez la surface avec un peu d'eau et tassez bien le sel afin d'obtenir une forme homogène. Enfournez pour 30 min.

4 Sortez la plaque du four, laissez refroidir pendant 10 min. Cassez ensuite la croûte de sel, puis retirez-la entièrement. Ôtez la peau du poisson et coupez la chair en morceaux. Dégustez chaud.

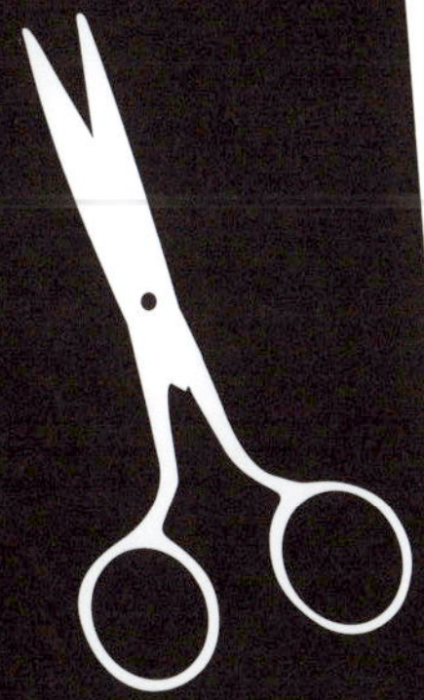

COUTEAUX :
ciseaux à oursins
+ couteau d'office

PRÉPARATION :
15 min

CUISSON :
30 min

REPOS :
10 min

POUR 4 PERSONNES

INGRÉDIENTS :
2 daurades de 1,5 kg chacune, non écaillées
3 kg de gros sel de Guérande
½ bouquet de thym frais
Le zeste de 1 citron

MERLANS RÔTIS, SAUCE CITRON ET OLIVES VERTES

TECHNIQUE : VIDER UN POISSON PAR LE VENTRE

1 Épluchez et émincez l'oignon avec l'éminceur 20 cm. Pelez les gousses d'ail. Lavez, séchez et effeuillez le persil plat. Hachez le persil et les gousses d'ail avec l'éminceur 20 cm. Coupez les olives en rondelles avec le couteau d'office. Dans un bol, émulsionnez l'huile d'olive avec le jus de citron, l'ail, le persil et les rondelles d'olives.

2 Préchauffez le four à 180 °C (th. 6).

3 **Videz les poissons par le ventre.** Prenez le poisson dans le creux de la main en le maintenant fermement. Avec les ciseaux à poisson, ouvrez le ventre en partant de l'orifice anal et en remontant vers la tête. Videz tout l'intérieur, l'intestin et les amas de sang sans abîmer la chair. Rincez l'intérieur du poisson sous l'eau froide puis épongez avec une feuille de papier absorbant.

4 Remplissez le ventre des poissons vidés avec l'oignon, salez et poivrez l'intérieur. Déposez les poissons dans un plat allant au four et versez par-dessus la sauce aux olives. Enfournez pour 30 min. Dégustez chaud.

COUTEAUX :
ciseaux à poisson
+ éminceur 20 cm
+ couteau d'office

PRÉPARATION :
15 min

CUISSON :
30 min

REPOS :
10 min

POUR 4 PERSONNES

INGRÉDIENTS :
4 merlans de 250 g chacu
Le jus de 1 citron jaune
80 g d'olives vertes dénoyautées
1 oignon
2 gousses d'ail
6 brins de persil plat
5 cuil. à soupe d'huile d'oliv
Sel et poivre du moulin

NOISETTES DE LOTTE RÔTIES AU LARD ET ROMARIN

TECHNIQUE : PARER ET PRÉPARER UNE QUEUE DE LOTTE

1 Parez et préparez la queue de lotte. Placez la queue de lotte sur une planche à découper. Avec les doigts, décollez le bord de la peau noire qui recouvre la queue. Tout en tirant sur la peau, coupez avec les mains au fur et à mesure la membrane qui la retient. Lorsque le devant de la peau noire commence à se décoller, tirez-la à l'aide d'un papier absorbant pour éviter que cela ne glisse et déshabillez complètement la queue de lotte. Coupez la peau décollée au niveau de la queue. Avec le filet de sole, parez la queue en retirant la membrane blanche qui la recouvre. Levez les 2 filets de la queue en coupant le long de l'arête centrale. Retirez le flanc de chaque filet. Finissez de parer les filets en retirant les membranes restantes ainsi que les petits vaisseaux sanguins. Découpez les filets en 12 grosses rondelles, comme des tournedos, avec l'éminceur 20 cm.

2 Roulez chaque morceau de lotte dans 1 tranche de lard en serrant avec de la ficelle alimentaire. Disposez les rouleaux ainsi obtenus dans un plat allant au four.

3 Préchauffez le four à 220 °C (th. 7-8).

4 Dans un bol, mélangez l'huile d'olive et le romarin. Arrosez les morceaux de lotte avec cette huile parfumée, puis déposez 1 noisette de beurre sur chacun. Salez et poivrez. Enfournez-les pour 8 à 10 min. Servez aussitôt.

COUTEAUX :
filet de sole de 20 ou 25 cm
+ éminceur 20 cm

PRÉPARATION :
30 min

CUISSON :
10 min

POUR 4 PERSONNES

INGRÉDIENTS :
1,2 kg de queue de lotte
12 tranches de lard
1 brin de romarin
2 cuil. à soupe d'huile d'olive
50 g de beurre
Sel et poivre du moulin

ASTUCE
Gardez l'arête centrale de la lotte pour réaliser un fond de sauce ou un fumet.

FILETS DE SOLES CROUSTILLANTS AUX NOISETTES, MOUSSELINE DE PETITS POIS

TECHNIQUE : LEVER LES FILETS D'UN POISSON PLAT

1 Préchauffez le four à 200 °C (th. 6-7). Préparez le crumble de noisettes. Malaxez du bout des doigts le beurre avec la farine, la poudre de noisettes, le parmesan et les graines de pavot et de sésame. Étalez la pâte sur une plaque de cuisson recouverte de papier sulfurisé et enfournez pour 10 min. Sortez la plaque du four et laissez refroidir.

2 Faites cuire les petits pois 5 min dans de l'eau bouillante salée. À la fin de la cuisson, rafraîchissez-les sous l'eau froide. Égouttez les petits pois et mixez-les avec le bouillon de légumes. Rectifiez l'assaisonnement. Passez ensuite la mousseline au travers d'une fine passoire pour obtenir une texture très lisse.

3 **Levez les filets de sole.** Posez la sole sur une planche à découper. Avec les ciseaux à poisson, coupez les nageoires en partant de la queue et en remontant vers la tête. Posez la sole, peau blanche au contact de la planche, et faites une légère incision au niveau de la nageoire caudale (au-dessus de la queue) avec le couteau filet de sole, grattez ensuite avec la lame pour décoller la peau. Arrachez la peau en maintenant la main bien à plat sur la chair du poisson. Retournez la sole et arrachez la peau blanche.
Posez la sole à plat, la queue vers vous. Incisez de la tête vers la queue en suivant l'arête centrale. Coupez au niveau de la tête et autour des filets. Glissez la lame du couteau filet de sole entre l'arête et le filet puis dégagez le filet en longeant les arêtes latérales. Répétez l'opération pour le second filet. Rincez les filets et séchez-les entre des feuilles de papier absorbant.

4 Dans une poêle, faites chauffer le beurre avec l'huile. Farinez les filets et tapotez-les pour ôter l'excédent. Lorsque le beurre mousse et blondit, déposez les filets de soles dans la poêle, faites cuire 2 min sur chaque face. Salez.

5 Répartissez les filets de soles dans les assiettes, émiettez par-dessus le crumble de noisettes et déposez un peu de mousseline de petits pois tiède.

COUTEAUX :
filet de sole 20 cm
+ ciseaux à poisson
+ couteau d'office

PRÉPARATION :
25 min

CUISSON :
25 min

POUR 4 PERSONNES

INGRÉDIENTS :
2 soles de 500 g chacu
800 g de petits pois surgelés
20 cl de bouillon de légumes
30 g de beurre
1 cuil. à soupe d'huile
100 g de farine
Sel et poivre du moulin

CRUMBLE DE NOISETTES :
50 g de poudre de noisettes
50 g de beurre
50 g de farine
50 g de parmesan râpé
1 cuil. à soupe de graines de pavot
1 cuil. à soupe de graines de sésame doré

VIANDES

LA BOUCHERIE MODERNE

249, boulevard Voltaire - 75011 Paris

La boucherie de John Gillot est engagée dans le respect des hommes et de la viande. Tous les fournisseurs sont sélectionnés par l'équipe de la boucherie qui visite les élevages afin de mieux connaître l'éleveur, l'alimentation donnée aux animaux et les conditions dans lesquelles ils sont élevés. Tous les morceaux de viande y sont valorisés, on y trouve une grande diversité de produits, accessibles à tous. Un rendez-vous est programmé avec Marius un samedi sur deux pour affûter la bonne cinquantaine de couteaux !

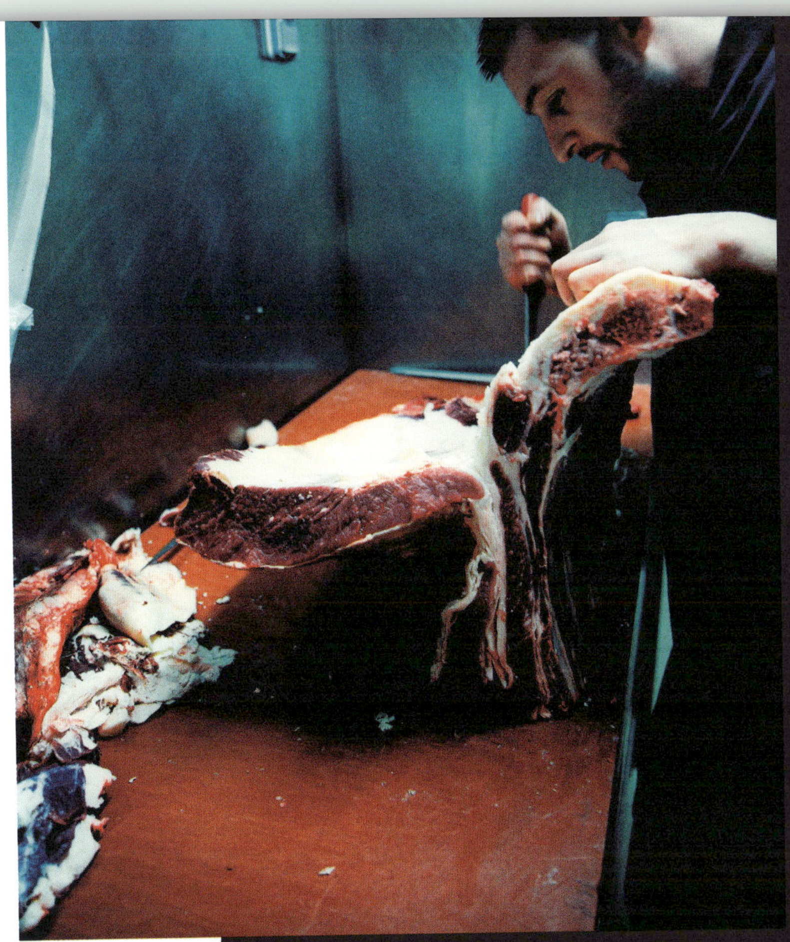

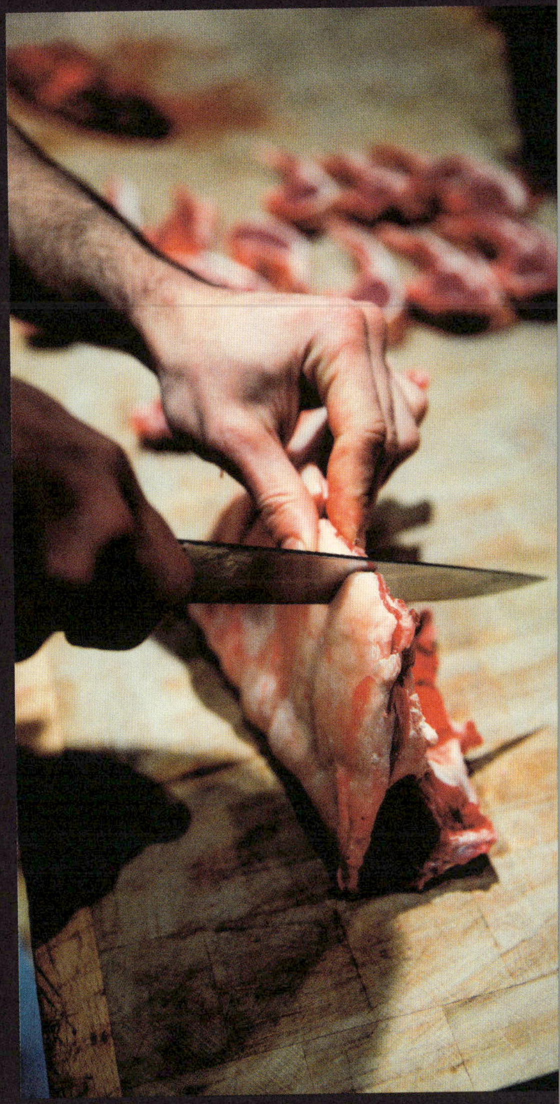

FICELER UN MORCEAU DE VIANDE

❶ Entourez la pièce de viande parée à vif avec de fines bandes de gras.

❷ Déroulez un bon mètre de ficelle. Faites plusieurs tours de ficelle autour de la viande. Faites un nœud.

❸ Ficelez sans trop serrer pour bien maintenir la viande.

1

2

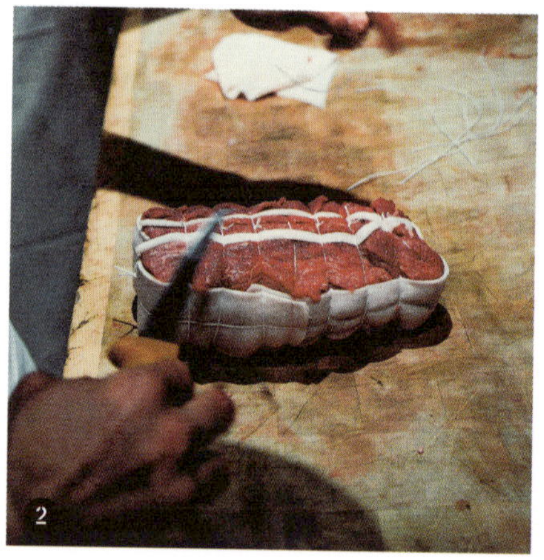
2

2

3

DÉGRAISSER UNE VIANDE

❶ Décollez les aponévroses en tendant celles-ci avec une main et en tenant le couteau de l'autre.

❷ Éliminez la graisse afin de mettre à vif le morceau de viande.

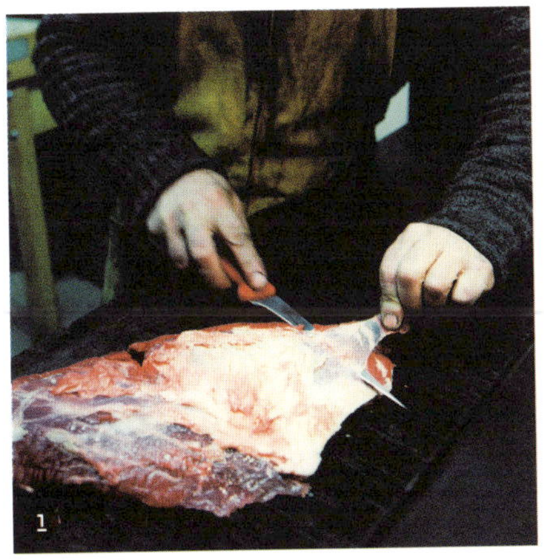

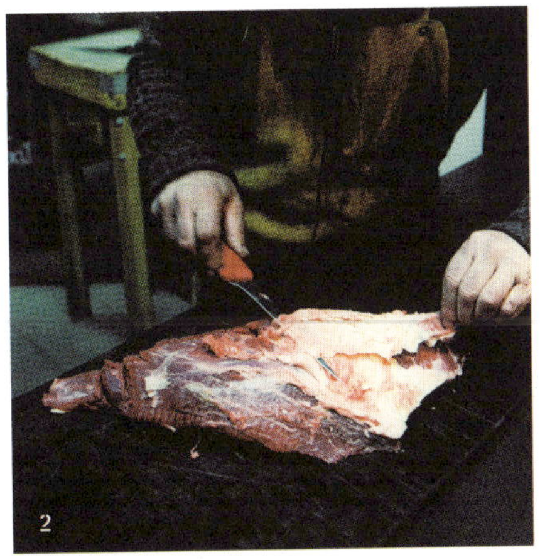

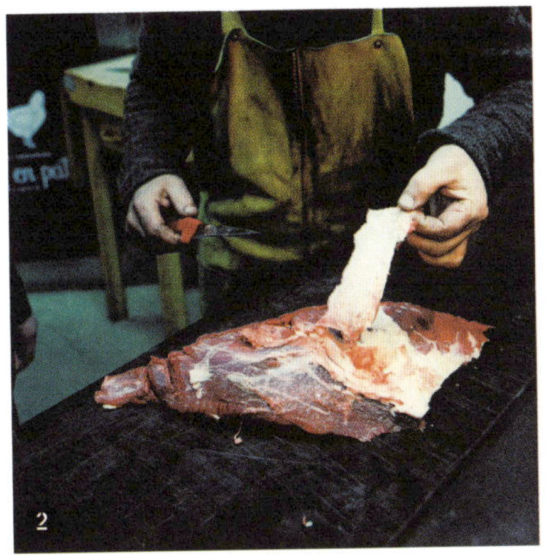

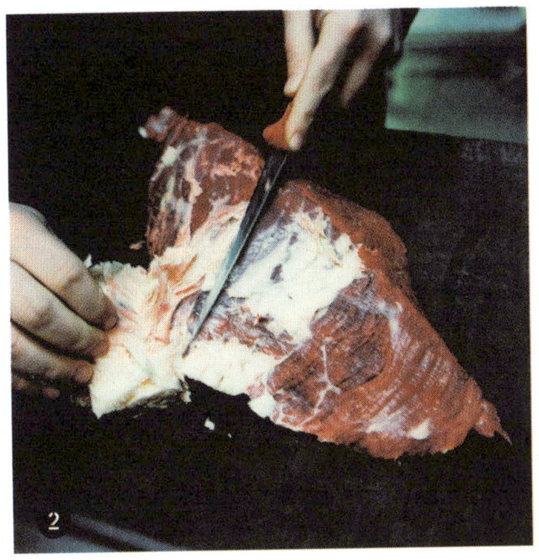

HABILLER UN CARRÉ DE VEAU

❶ Taillez au couteau entre les côtes jusqu'aux vertèbres.

❷ Terminez la coupe à l'aide d'une feuille à fendre.

10

LES COUTEAUX

1 Feuille du boucher

2 Tranche-lard à jambon

3 Tranche-lard à jambon

8 Petit fusil à affiler
7 Trancheur 30 cm (grosse pièce de viande type entrecôte)
6 Trancheur 25 cm (côte de veau grenadin)
5 Trancheur 20 cm (côte d'agneau)
4 Couteau désosseur

1

Feuille du boucher

Il sert à fendre et à concasser les sections cartilagineuses et osseuses des viandes.

2, 3

Tranche-lard à jambon

Il sert à trancher les rôtis, les viandes, les jambons-crus ou cuits-en maîtrisant la bonne épaisseur.

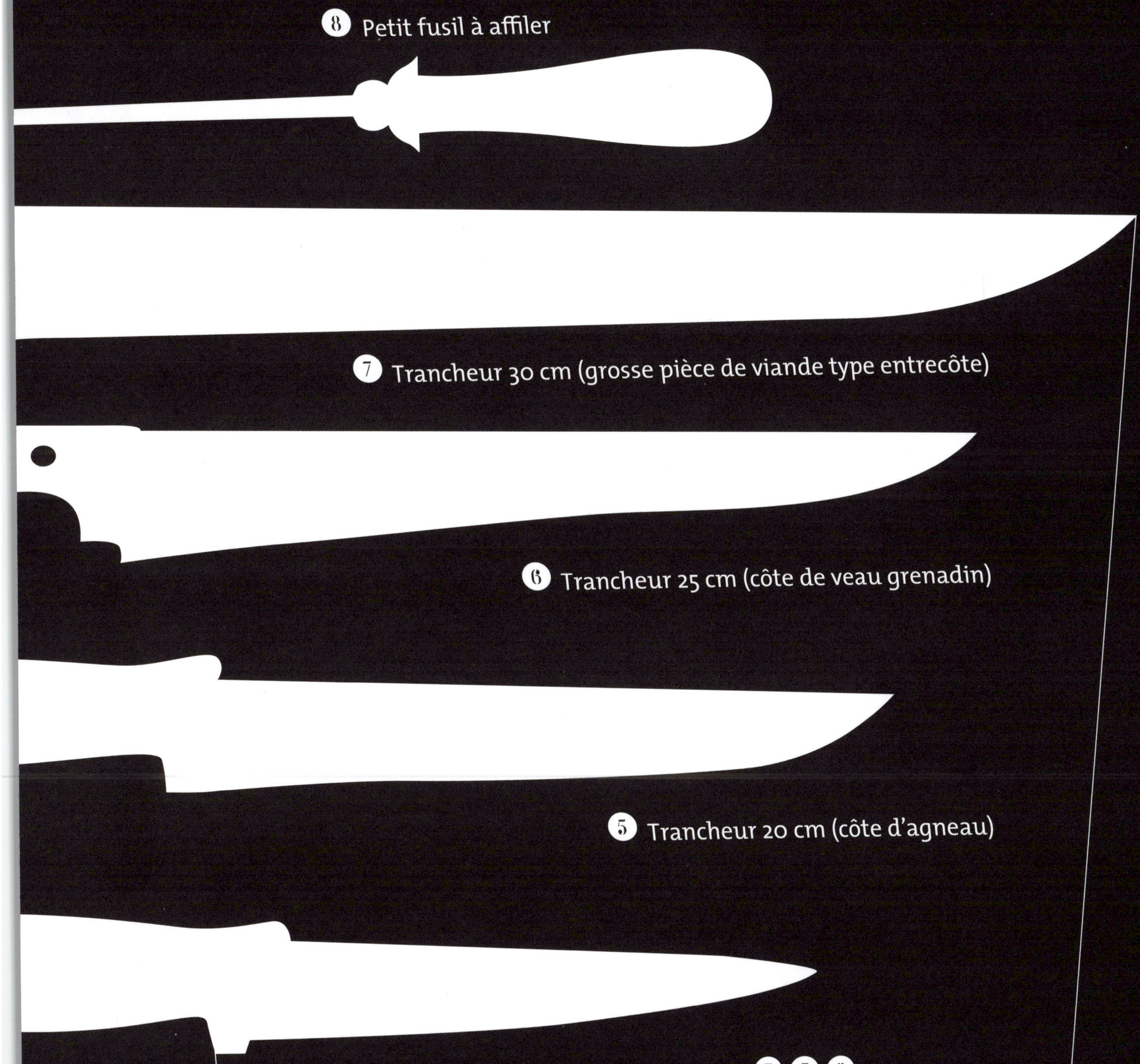

4

Désosseur

Il est muni d'une lame rigide de 9 à 15 cm à la pointe aiguisée pour le désossage des viandes et des volailles.

7, 5, 6

Trancheur

Ce couteau existe dans différentes tailles : le trancheur de 20 cm sera idéal pour couper des côtes d'agneau par exemple, le trancheur de 25 cm coupera facilement des côtes de veau grenadin et le trancheur de 30 cm servira à la découpe de grosses pièces de viande type entrecôte.

FOIE GRAS MI-CUIT AU SEL

TECHNIQUE : DÉVEINER UN FOIE GRAS

1 Sortez le foie gras du réfrigérateur 30 min avant de le préparer (sauf si la température ambiante est supérieure à 25 °C, dans ce cas réduisez à 15 min). Pesez le foie gras pour calculer la quantité de sel et de poivre, mais aussi pour le temps de cuisson au sel.

2 **Déveinez le foie gras.** Séparez les 2 lobes en les écartant avec les mains et posez-les sur le plan de travail. Avec le trancheur 20 cm, incisez-les sur 1,5 cm d'épaisseur sur toute la longueur pour voir apparaître les veines. Pour le plus gros lobe, enlevez la veine principale en forme de Y en partant de la base du foie. Saisissez l'extrémité de la veine en la pinçant entre le pouce et la pointe du couteau d'office, puis décollez-la délicatement. Les ramifications veineuses seront automatiquement entraînées. Pour le plus petit lobe, les 2 veines sont en forme de X toujours l'une au-dessus de l'autre. Procédez de la même manière que pour le gros lobe.

3 Faites tremper les gazes dans l'armagnac, puis essorez-les entre vos mains. Salez et poivrez le lobe de foie gras avec la quantité d'assaisonnement pesée. Enroulez totalement le foie gras dans les gazes, il ne doit pas y avoir un seul morceau de lobe apparent. Versez 1 couche de gros sel dans un plat creux, déposez le lobe de foie puis recouvrez totalement avec le reste de sel. C'est l'action du sel qui va cuire le foie.

4 Laissez le foie gras dans le gros sel à raison de 2 h pour 100 g, soit 12 h pour un foie gras de 600 g.

5 Au bout de ce temps, retirez le foie gras du gros sel et des gazes, enveloppez-le dans du film alimentaire, puis placez-le 48 h au réfrigérateur avant de le déguster.

COUTEAUX :
trancheur 20 cm
+ couteau d'office

PRÉPARATION :
15 min

REPOS :
12 h

RÉFRIGÉRATION :
48 h

POUR 4 PERSONNES

INGRÉDIENTS :
1 lobe de foie gras de canard cru (environ 600 g)
4 gazes (en pharmacie)
5 cl d'armagnac
Sel (15 g/kg)
Poivre (2 g/kg)
2 kg de gros sel

PAUPIETTES DE VEAU AUX BAIES DE GENIÈVRE

TECHNIQUE : TRANCHER UNE ESCALOPE DANS UNE NOIX DE VEAU

COUTEAUX :
trancheur 30 cm
+ éminceur 20 cm

PRÉPARATION :
40 min

CUISSON :
1 h

POUR 4 PERSONNES

INGRÉDIENTS :

PAUPIETTES :
120 g de noix de veau
(ou sous-noix)
1 carotte
00 g de champignons de Paris
1 cuil. à soupe d'huile
20 g de beurre
1 bouquet garni
uil. à café de baies de genièvre
25 cl de bouillon de légumes
Sel et poivre du moulin

FARCE :
300 g de farce de veau
30 g de mie de pain
½ verre de lait
2 oignons
¼ de bouquet de persil plat
2 cuil. à soupe d'huile d'olive
Sel et poivre du moulin

1 **Tranchez les escalopes dans la noix de veau.** Posez la noix face arrondie face à vous. Placez votre main gauche (ou droite si vous êtes gaucher) bien à plat sur le morceau de viande et, avec le trancheur 30 cm, taillez en dessous de la main dans le veau dans un mouvement ample et franc. Il faut tailler perpendiculairement aux fibres de la viande. La main gauche permet d'apprécier le mouvement du couteau et de rectifier sa trajectoire pour obtenir une escalope d'épaisseur régulière. Répétez l'opération afin d'obtenir plusieurs escalopes de veau. Placez ensuite les escalopes entre 2 feuilles de papier sulfurisé et, à l'aide d'un rouleau à pâtisserie, aplatissez-les finement.

2 Préparez la farce. Faites tremper le pain dans le lait, puis essorez-le. Pelez et ciselez les oignons avec l'éminceur 20 cm. Hachez le persil. Dans une poêle, faites chauffer l'huile et faites suer les oignons avec 1 pincée de sel. Ajoutez ensuite la farce de veau et faites-la revenir. Débarrassez la farce dans un récipient et mélangez-la avec le pain imbibé de lait et le persil. Salez et poivrez, et laissez refroidir.

3 Déposez sur chaque escalope 1 grosse cuillère à soupe de farce et roulez l'escalope pour former une paupiette. Refermez bien les 2 extrémités pour que l'ensemble soit hermétique et que la farce soit bien emprisonnée. Ficelez la paupiette avec de la ficelle alimentaire en long et en large.

4 Épluchez la carotte et coupez-la en rondelles avec l'éminceur 20 cm. Coupez la base des pieds des champignons puis taillez les champignons en deux. Dans une poêle, faites chauffer l'huile et le beurre. Salez et poivrez l'extérieur des paupiettes puis faites-les dorer sur toutes les faces. Débarrassez les paupiettes et, dans la même poêle, faites revenir les champignons jusqu'à ce qu'ils aient rendu leur eau. Ajoutez les rondelles de carotte, le bouquet garni et les baies de genièvre. Versez le bouillon et remettez les paupiettes. Faites mijoter 45 min à moitié couvert. Faites réduire le jus des paupiettes si nécessaire. Dégustez chaud.

ASTUCE
Vous pouvez accompagner ce plat d'une purée maison.

CÔTE DE BOEUF DE SALERS À L'ÉCHALOTE GRISE, FRITES AU COUTEAU ET SEL AU THYM

TECHNIQUE : DÉTACHER LA NOIX D'UNE CÔTE DE BŒUF ET COUPER EN TRANCHES

1 Sortez la côte de bœuf du réfrigérateur 1 h avant la cuisson.

2 Épluchez les échalotes et, avec l'éminceur 10 cm, émincez-les. Dans une casserole, faites fondre le beurre. et ajoutez les échalotes. Faites-les cuire pendant 20 min à feu doux, en remuant régulièrement. Versez les vinaigres et ôtez du feu. Réservez.

3 Préparez les frites. Pelez et hachez l'ail finement avec l'éminceur 20 cm. Effeuillez le thym. Mettez le tout dans une poêle à feu très doux et laissez sécher quelques minutes. Ajoutez le sel, mélangez et faites sécher à tout petit feu. Laissez refroidir la préparation avant de la verser dans un bocal hermétique.

4 Épluchez les pommes de terre, coupez-les en frites de 6 à 7 cm de long sur 0,4 cm de large avec l'éminceur 20 cm. Lavez bien les frites dans l'eau pour retirer au maximum l'amidon, laissez égoutter et séchez-les dans un torchon sec. Précuisez les frites dans un bain d'huile à 130-140 °C pendant 5 min. Laissez-les reposer le temps de la cuisson de la côte de bœuf.

5 Préchauffez le four à 240 °C (th. 8). Massez la côte de bœuf avec l'huile neutre, salez et poivrez. Dans une poêle chaude, faites dorer la côte de bœuf 3 min sur chaque face. Déposez la côte sur une plaque du four sur la tranche pour qu'elle tienne debout et permettre ainsi à la chaleur du four de bien circuler autour. Enfournez pour 17 à 19 min. Sortez la viande et recouvrez d'une feuille de papier d'aluminium. Laissez reposer 10 min avant de la découper.

6 Faites cuire les frites dans le même bain d'huile que le premier à une température de 165-170 °C pendant 5 min. Égouttez-les sur du papier absorbant et salez.

7 Réchauffez la sauce aux échalotes pendant 2 min. Avec le trancheur 20 cm, **détachez la noix de la côte de bœuf**, tranchez le long de l'os en suivant son contour. Coupez-la ensuite en tranches régulières de 3 cm, légèrement biseautées. Lors de la découpe, ne piquez jamais la viande avec la fourchette.

8 Déposer les tranches de bœuf dans un plat chaud et dégustez avec les frites et la sauce aux échalotes.

ASTUCE
Vous pouvez conserver le sel au thym plusieurs mois à l'abri de la lumière dans un contenant hermétique. Utilisez ce sel parfumé pour tous types de viandes, légumes ou poissons.

COUTEAUX :
trancheur 20 cm
+ éminceur 10 cm
+ éminceur 20 cm

PRÉPARATION :
40 min

CUISSON :
1 h

REPOS :
10 min

POUR 4 PERSONNES

INGRÉDIENTS :
1,2 kg de côte de bœuf de Salers
10 échalotes grises
80 g de beurre
2 cuil. à soupe de vinaigr balsamique
1 cuil. à soupe de vinaigre de vin rouge
2 cuil. à soupe d'huile neutre
Sel et poivre du moulin

FRITES AU COUTEAU :
1 kg de pommes de terre (farineuses type bintje)
2 têtes d'ail
75 g de thym
250 g de sel de Guérande
2 l d'huile de friture

OUCHERIE MODER

CARPACCIO DE BOEUF À L'HUILE DE RADIS

TECHNIQUE : COUPER UNE VIANDE DE BŒUF EN CARPACCIO

1 Coupez les fanes des radis avec le couteau d'office. Lavez les radis et la ciboulette et séchez-les. Avec l'éminceur 20 cm, taillez en petites rondelles les radis et émincez la ciboulette. Déposez le tout dans un bol et versez l'huile d'olive.

2 **Taillez la viande de bœuf en carpaccio.** Enveloppez le filet de bœuf dans du film alimentaire en serrant bien et placez-le au congélateur pendant 2 h afin qu'il durcisse (il sera plus facile à couper). Au bout de ce temps, sortez le filet de bœuf du congélateur. Avec le tranche-lard bien aiguisé, coupez-le en biais en tranches très fines.

3 Déposez les tranches de carpaccio sur des assiettes. Versez 1 filet d'huile par-dessus et ajoutez quelques rondelles de radis et de la ciboulette. Parsemez de fleur de sel et poivrez légèrement. Dégustez aussitôt.

COUTEAUX :
tranche-lard
+ couteau d'office
+ éminceur 20 cm

PRÉPARATION :
20 min

CONGÉLATION :
2 h

POUR 4 PERSONNES

INGRÉDIENTS :
500 g de filet de bœuf cru
½ botte de radis roses
½ bouquet de ciboulette
15 cl d'huile d'olive
Fleur de sel et poivre du moulin

MAGRET DE CANARD AUX LÉGUMES D'AUTOMNE

TECHNIQUE : PARER ET DÉGRAISSER UN MAGRET

1 Préchauffez le four à 180 °C (th. 6).

2 Pelez les carottes et les panais avec l'Économe, puis coupez-les en deux dans le sens de la longueur avec l'éminceur 20 cm. Déposez les carottes, les panais et l'ail en chemise dans un plat allant au four, arrosez de miel et d'huile d'olive. Salez et poivrez, puis enfournez pour 25 à 30 min, le temps que cela caramélise.

3 **Parez et dégraissez les magrets.** Avec le trancheur 20 cm, retirez si nécessaire les nerfs qui se trouvent en surface. Coupez la graisse qui déborde de la chair tout autour du magret. Retirez la moitié de la graisse qui se trouve en surface en coupant des bandes de graisse. Incisez ensuite la graisse en quadrillage sans couper la chair.

4 Salez et poivrez les magrets. Dans une poêle chaude, déposez-les côté graisse, laissez cuire 6 à 8 min. Lorsque le sang commence à perler, retournez les magrets et poursuivez la cuisson 2 min pour dorer la face côté chair. Quand ils sont cuits, retirez les magrets de la poêle et réservez-les au chaud entre 2 assiettes.

5 Avec le trancheur 20 cm, coupez dans l'épaisseur les magrets en tranches et répartissez-les dans des assiettes avec les légumes rôtis.

COUTEAUX :
trancheur 20 cm
+ Économe
+ émինceur 20 cm

PRÉPARATION :
15 min

CUISSON :
40 min

POUR 4 PERSONNES

INGRÉDIENTS :
2 magrets de canard
300 g de carottes fanes (ou de différentes couleurs)
200 g de panais
4 gousses d'ail rose
2 cuil. à soupe de miel d'oranger
2 cuil. à soupe d'huile d'olive
Fleur de sel et poivre du moulin

BURGERS AU TARTARE DE BŒUF

COUTEAUX :
trancheur 25 cm
+ couteau d'office
+ éminceur 20 cm
+ couteau à pain

PRÉPARATION :
25 min

CUISSON :
4 min

POUR 4 PERSONNES

INGRÉDIENTS :
600 g de viande de bœuf (type filet, rumsteck)
1 bouquet de persil plat
2 oignons blancs
2 cuil. à soupe de câpres
4 jaunes d'œufs
1 cuil. à soupe de moutarde à l'ancienne
2 cuil. à café de sauce Worcestershire
2 cuil. à soupe de ketchup
3 gouttes de Tabasco
2 cuil. à soupe d'huile d'olive
eur de sel et poivre du moulin
4 pains à burger au sésame
1 grosse tomate
1 cuil. à soupe d'huile de pépins de raisin
4 fines tranches de cheddar
4 tranches de bacon
2 cuil. à soupe de mayonnaise
2 cuil. à soupe de ketchup
4 feuilles de salade
Sel et poivre du moulin

TECHNIQUE : TAILLER UNE VIANDE EN TARTARE

1 **Taillez la viande en tartare.** Avec le couteau d'office, débarrassez la viande des filaments, nerfs ou morceaux de gras restants. Avec le trancheur 25 cm, coupez le morceau de viande en tranches de 0,5 cm d'épaisseur. Taillez ensuite chaque tranche en bâtonnets d'environ 0,5 cm. Rassemblez les bâtonnets et coupez-les en dés, puis hachez-les rapidement avec l'éminceur 20 cm. Déposez la viande dans un récipient et placez au réfrigérateur.

2 Lavez et hachez les feuilles de persil avec l'éminceur 20 cm. Pelez les oignons et ciselez-les. Rincez et égouttez les câpres. Réservez.

3 Dans un bol, mélangez avec un fouet les jaunes d'œufs, la moutarde, les câpres, la sauce Worcestershire, le ketchup, le Tabasco et l'huile d'olive. Versez cette préparation sur la viande et mélangez bien. Ajoutez les oignons et le persil hachés, salez et poivrez, remuez de nouveau. Formez 4 steaks épais.

4 Retirez le pédoncule de la tomate et coupez-la en rondelles. Dans une poêle chaude, faites cuire les steaks avec l'huile de pépins de raisin 2 min sur chaque face. Salez et poivrez, puis déposez 1 tranche de cheddar sur chaque steak. Réservez. Dans la même poêle, faites dorer les tranches de bacon sans ajout de matière grasse.

5 Dans un bol, mélangez la mayonnaise et le ketchup. Coupez les pains en deux avec le couteau à pain et faites-les toaster puis tartinez-les du mélange mayonnaise-ketchup. Déposez sur la base 1 feuille de salade, 2 rondelles de tomate, le steak recouvert de cheddar et 1 tranche de bacon. Refermez avec le chapeau et dégustez aussitôt.

VELOUTÉ DE CHOU-FLEUR ET PICCATA DE FOIE GRAS POÊLÉ

TECHNIQUE : COUPER DES ESCALOPES DE FOIE GRAS

1 Épluchez les échalotes avec le couteau d'office, puis émincez-les avec l'éminceur 10 cm. Lavez et coupez le pied du chou-fleur, puis taillez des petits bouquets avec le bec d'oiseau.

2 Dans une cocotte, faites fondre le beurre et faites suer les échalotes avec 1 pincée de sel. Lorsqu'elles sont translucides, ajoutez les bouquets de chou-fleur et versez le lait. Salez et poivrez. Portez à ébullition sans couvrir, puis baissez le feu et continuez la cuisson pendant 20 min, jusqu'à ce que les légumes soient tendres. Égouttez les bouquets de chou-fleur avec une écumoire, conservez le lait de cuisson. Mixez le chou-fleur dans un blender (ou avec un mixeur plongeant) et ajoutez petit à petit le lait, jusqu'à l'obtention d'une consistance onctueuse. Rectifiez l'assaisonnement si nécessaire. Gardez au chaud.

3 **Coupez les escalopes de foie gras.** Ne dénervez pas le ½ lobe, vous obtiendrez une meilleure tenue à la cuisson. Faites tiédir la lame du trancheur 25 cm sous l'eau chaude. Coupez 4 belles escalopes dans l'épaisseur du ½ lobe de foie gras et assaisonnez-les de fleur de sel et de poivre.

4 Dans une poêle très chaude, sans matière grasse, faites dorer les tranches de foie gras 1 min sur chaque face. Posez-les sur une feuille de papier absorbant pour absorber la graisse.

5 Versez le velouté de chou-fleur dans des assiettes creuses, puis déposez par-dessus 1 tranche de foie gras. Dégustez aussitôt.

COUTEAUX :
trancheur 25 cm
+ couteau d'office
+ éminceur 10 cm
+ bec d'oiseau

PRÉPARATION :
35 min

CUISSON :
25 min

POUR 4 PERSONNES

INGRÉDIENTS :
1 chou-fleur
½ lobe d'un petit foie gras de canard cru
2 échalotes
20 g de beurre
1 l de lait
Fleur de sel et poivre du moulin

COCOTTE DE LAPIN, TOMATES RÔTIES AU ROMARIN

TECHNIQUE : DÉCOUPER UN LAPIN À CRU

COUTEAUX :
désosseur
+ couteau d'office
+ éminceur 20 cm
+ éminceur 10 cm

PRÉPARATION :
40 min

CUISSON :
1 h 10

POUR 4 PERSONNES

INGRÉDIENTS :
1 lapin
6 grosses tomates
1 brin de romarin
1 oignon
6 gousses d'ail
4 cuil. à soupe d'huile d'olive
4 échalotes
50 g de beurre
40 cl de vin blanc sec
20 cl de bouillon de volaille
2 brins de thym
Sel et poivre du moulin

1 Préchauffez le four à 180 °C (th. 6).

2 Lavez les tomates. Avec le couteau d'office, retirez le pédoncule et coupez les tomates en quatre. Pelez et émincez l'oignon avec l'éminceur 20 cm. Dans un plat allant au four, déposez les tomates, 3 gousses d'ail en chemise et le romarin. Arrosez d'huile d'olive, salez et poivrez. Enfournez pour 45 min.

3 **Découpez le lapin à cru.** Sortez les abats et les rognons du lapin, coupez la tête. Avec le désosseur, séparez les pattes arrière en incisant le muscle à l'intérieur de la cuisse, puis tranchez jusqu'à l'articulation et déboîtez ensuite avec les mains. Coupez le reste des muscles encore attachés. Tranchez le râble à la jonction de la cage thoracique. Retournez le râble et désossez-le en découpant de chaque côté de l'épine dorsale. Coupez le thorax à travers le bréchet et finissez de parer l'intérieur. Séparez la cage thoracique en deux en suivant l'axe de la colonne vertébrale. Découpez les pattes avant avec les épaules. Tranchez le thorax pour ne garder que le carré comprenant les plus grosses côtes. Ôtez les parchemins (langues de muscle fin) et désossez les côtelettes pour extraire les noisettes. Prenez toujours soin de trancher d'un coup franc pour éviter les éclats d'os.

4 Pelez et ciselez les échalotes avec l'éminceur 10 cm. Épluchez les 3 gousses d'ail restantes et écrasez-les. Salez et poivrez les morceaux de lapin. Dans une poêle, faites fondre le beurre, ajoutez les morceaux de lapin et faites-les dorer sur toutes les faces. Débarrassez les morceaux. Ajoutez dans la poêle les échalotes ciselées et l'ail écrasé, faites suer avec 1 pincée de sel. Versez le vin blanc et faites réduire de moitié. Versez le bouillon de volaille, ajoutez le thym et remettez les morceaux de lapin dans la poêle. Portez à ébullition, puis couvrez et faites mijoter à feu doux pendant 20 min.

5 Égouttez légèrement les tomates si nécessaire, retirez le romarin et répartissez-les dans des assiettes avec les morceaux de lapin. Dégustez chaud.

TRAVERS DE PORC AU GINGEMBRE ET À L'ORANGE

TECHNIQUE : PRÉPARER UN TRAVERS DE PORC

1 **Préparez le travers de porc.** Avec le couteau d'office, dégraissez le dessus si nécessaire. Retirez la membrane intérieure des os du travers de porc. Avec le trancheur 20 cm, coupez le travers de porc toutes les 4 ou 2 côtes pour faire des morceaux plus petits. Suivez le long de l'os avec la lame du couteau et taillez avec des mouvements amples.

2 Préparez la marinade. Pelez et hachez les gousses d'ail et le gingembre avec l'éminceur 20 cm. Réunissez dans un plat tous les ingrédients de la marinade, puis enduisez bien les morceaux de travers de porc de cette sauce. Couvrez d'un film alimentaire et placez au réfrigérateur pendant 4 h, en prenant soin de retourner régulièrement la viande.

3 Sortez le travers de porc du réfrigérateur 30 min avant la cuisson. Préchauffez le four à 190 °C (th. 6-7).

4 Disposez les morceaux de travers de porc sur une plaque de cuisson et enfournez pour 30 min. Passez le four en mode gril et poursuivez la cuisson pendant 20 min, en retournant les morceaux à mi-cuisson. Dégustez chaud.

COUTEAUX :
trancheur 20 cm
+ couteau d'office
+ éminceur 20 cm

PRÉPARATION :
10 min

CUISSON :
50 min

MARINADE :
4 h

POUR 4 PERSONNES

INGRÉDIENTS :
1 travers de porc (24 à 28 côtes)

MARINADE :
3 cm de gingembre frai
15 cl de jus d'orange
2 gousses d'ail
12,5 cl de vinaigre de cidr
3 cuil. à café de miel
6 cuil. à soupe de ketchu
5 cl de sauce chili
5 cl de sauce Worcestersh
1 cuil. à café de moutarde forte
2 cuil. à café de piment de Cayenne
2 cuil. à café de paprika fu
1 cuil. à café d'huile d'olive

CARRÉ D'AGNEAU EN CROÛTE DE NOISETTES

TECHNIQUE : PRÉPARER UN CARRÉ D'AGNEAU

1 **Préparez le carré d'agneau.** Avec le couteau d'office, dégraissez légèrement le dessus du carré si nécessaire. Gardez environ 0,5 cm de graisse. Coupez la peau et la chair sur 2 cm à l'extrémité des côtes. Incisez également de l'autre côté et dégagez la chair. Désolidarisez la côte des vertèbres qui se situent à la base en glissant la pointe du désosseur autour des articulations. Éliminez ensuite la colonne vertébrale en contournant les vertèbres une par une. Ôtez le nerf central en le coupant tout le long du carré. Grattez et éliminez les résidus sur les os dégagés situés en haut du carré et le long des côtes.

2 Préchauffez le four à 210 °C (th. 7).

3 Mixez les noisettes, puis mélangez-les au beurre et à la moutarde. Déposez le carré d'agneau dans un grand plat allant au four, la partie grasse sur le dessus. Salez et poivrez et enfournez pour 10 min. Au bout de ce temps, sortez le carré, enduisez-le de la préparation aux noisettes et enfournez de nouveau pour 10 min. Dégustez chaud.

COUTEAUX :
désosseur
+ couteau d'office

PRÉPARATION :
25 min

CUISSON :
20 min

POUR 4 PERSONNES

INGRÉDIENTS :
1 carré d'agneau de 13 côtes
100 g de noisettes décortiquées
50 g de beurre mou
2 cuil. à soupe de moutarde forte
Sel et poivre du moulin

ASTUCE
Vous pouvez accompagner le carré d'agneau de légumes d'automne rôtis.

JOUE DE BOEUF À L'ORANGE ET OIGNONS GRELOTS

TECHNIQUE : DÉCOUPER UNE VIANDE DANS LE BON SENS DE LA FIBRE

1 **Découpez la viande dans le bon sens de la fibre.** La veille, posez les joues de bœuf à plat sur une planche à découper. Avec le trancheur 20 cm, taillez chaque joue de bœuf en 4 morceaux. Tranchez avec la lame dans le sens contraire des fibres, la lame du couteau doit être perpendiculaire aux fibres. Cette technique permet d'obtenir une viande tendre après cuisson.

2 Préparez la marinade. Prélevez le zeste de l'orange avec l'Économe. Grattez et éliminez avec le couteau d'office la partie blanche et amère qui se trouve sur la face intérieure du zeste. Avec le trancheur 20 cm, coupez la poitrine de porc en morceaux de 1 à 2 cm. Pelez et écrasez la gousse d'ail sous la lame du couteau. Dans un plat, versez le vin rouge, ajoutez le thym, le laurier, le zeste d'orange, l'ail, la poitrine de porc et les morceaux de joues de bœuf. La viande doit être immergée. Poivrez. Laissez mariner 12 h.

3 Le lendemain, égouttez la viande et gardez la marinade. Dans une cocotte en fonte, faites chauffer 20 g de beurre avec l'huile. Faites dorer les morceaux de viande sur toutes les faces, saupoudrez de farine, remuez puis versez la marinade. Portez à ébullition, puis baissez le feu et faites frémir 10 min. Couvrez et poursuivez la cuisson pendant 2 h 40.

4 Pendant ce temps, épluchez les oignons grelots avec le couteau d'office. Faites chauffer le reste de beurre dans une poêle et faites dorer les oignons quelques minutes. Ajoutez-les ensuite dans la cocotte contenant les joues de bœuf et poursuivez la cuisson pendant 20 min. Dégustez chaud.

COUTEAUX :
trancheur 20 cm
+ Économe
+ couteau d'office

PRÉPARATION :
20 min

CUISSON :
3 h 20

MARINADE :
12 h

POUR 4 PERSONNES

INGRÉDIENTS :
800 g de joues de bœuf

MARINADE :
1 orange non traitée
200 g d'oignons grelots
150 g de poitrine de porc
1 gousse d'ail
1 l de vin rouge
(type côtes-du-rhône)
1 brin de thym
2 feuilles de laurier
40 g de beurre
1 cuil. à soupe d'huile d'oliv
1 cuil. à soupe de farine
Sel et poivre du moulin

POULET GRILLÉ AU PIRI-PIRI, SAUCE JALAPEÑO

TECHNIQUE : DÉCOUPER UNE VOLAILLE À GRILLER

1 Préparez la sauce. Coupez les piments jalapeños en deux avec le couteau d'office et retirez les graines. Pelez la tête d'ail, effeuillez la coriandre. Dans le bol d'un mixeur, mettez les piments, l'ail, la coriandre, le cumin et un peu d'huile d'olive. Mixez, puis versez petit à petit l'huile d'olive. Salez et poivrez. Versez la sauce jalapeño dans un bocal en verre hermétique.

2 Pelez les gousses d'ail avec le couteau d'office. Dans un petit mixeur, mettez l'ail, le piment de Cayenne, le paprika, le jus de citron, le vinaigre de cidre et l'huile d'olive. Salez, poivrez et mixez.

3 **Découpez la volaille à griller au four ou au barbecue.** Placez le poulet sur une planche à découper. Avec la feuille du boucher, sectionnez les pattes à mi-hauteur, 4 à 5 cm en dessous de l'articulation. Maintenez fermement le poulet debout côté cou contre la planche. Fendez le poulet en deux en taillant de chaque côté de la colonne vertébrale afin de la dégager. Ouvrez le poulet et aplatissez délicatement les côtes. Sectionnez les tendons des pattes, puis incisez la peau des flancs situés sous la partie inférieure du bréchet et glissez-y les pattes pour les maintenir.

4 Déposez le poulet dans un plat et badigeonnez-le avec la préparation à base de paprika. Couvrez d'un film alimentaire et placez au réfrigérateur pendant 6 h.

5 Préchauffez le four à 220 °C (th. 7-8). Placez la grille du four à mi-hauteur et la lèchefrite recouverte de papier d'aluminium juste en dessous.

6 Déposez le poulet sur la grille et enfournez pour 40 à 50 min, jusqu'à ce qu'il soit bien doré. Coupez les cuisses et les blancs du poulet avec l'éminceur 20 cm et dégustez chaud avec la sauce verte au piment jalapeño.

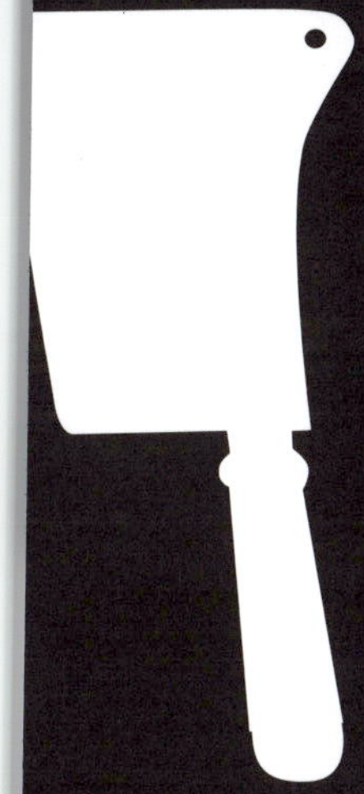

COUTEAUX :
feuille du boucher
+ couteau d'office
+ éminceur 20 cm

PRÉPARATION :
30 min

RÉFRIGÉRATION :
6 h

CUISSON :
50 min

POUR 4 PERSONNES

INGRÉDIENTS :
poulet entier d'environ 1,4 kg
3 gousses d'ail
½ cuil. à café de piment de Cayenne en poudre
1 cuil. à soupe de paprika
Le jus de 1 citron
1 cuil. à soupe de vinaigre de cidre
3 cuil. à soupe d'huile d'olive
Sel et poivre du moulin

SAUCE JALAPEÑO :
4 piments jalapeños
1 tête d'ail
12 brins de coriandre
1 cuil. à café de cumin en poudre
50 cl d'huile d'olive
Sel et poivre

ASTUCE
Vous pouvez conserver la sauce verte au piment plusieurs semaines au réfrigérateur en prenant soin de recouvrir la surface d'huile d'olive après chaque utilisation.

CÔTELETTES D'AGNEAU, GREMOLATA À LA MENTHE

TECHNIQUE : DÉTAILLER DES CÔTELETTES

1 **Détaillez les côtelettes d'agneau.** Avec la feuille du boucher, coupez entre les côtes jusqu'aux vertèbres. Avec le désosseur, manchonnez les côtelettes : dégagez l'extrémité de chaque côtelette sur environ 2 cm en grattant la chair le long de l'os. Frottez les côtelettes avec le thym. Réservez à température ambiante.

2 Préparez la gremolata. Prélevez le zeste du citron avec un zesteur. Lavez et effeuillez la menthe. Pelez l'ail. Posez l'ensemble sur une planche à découper et hachez finement avec l'éminceur 20 cm. Mélangez le tout avec les zestes de citron.

3 Dans une poêle, faites chauffer l'huile d'olive, puis faites revenir les côtelettes salées et poivrées 3 min sur chaque face. Disposez les côtelettes dans un plat et parsemez de gremolata à la menthe. Dégustez aussitôt.

COUTEAUX :
feuille du boucher
+ désosseur
+ éminceur 20 cm

PRÉPARATION :
20 min

CUISSON :
6 min

POUR 4 PERSONNES

INGRÉDIENTS :
1 carré d'agneau d'environ
12 côtelettes non détalonn
1 brin de thym
1 citron bio
½ bouquet de menthe
2 gousses d'ail
2 cuil. à soupe d'huile d'olive
Sel et poivre du moulin

COUTEAUX :
eur 20 cm ou désosseur
+ éminceur 20 cm
+ Économe

PRÉPARATION :
35 min

CUISSON :
1 h

POUR 4 PERSONNES

INGRÉDIENTS :
1 canard entier
1 oignon
3 navets jaunes
4 topinambours
2 panais
3 rutabagas
1 botte de carottes fanes
1 branche de céleri
1 cube de fond de volaille dégraissé bio
1 cuil. à soupe d'huile d'olive
2 brins de thym
1 feuille de laurier
1 cuil. à soupe de gros sel
6 grains de poivre noir
Fleur de sel et poivre du moulin

POT-AU-FEU DE CANARD

TECHNIQUE : DÉCOUPER UN CANARD CRU

1 **Découpez le canard cru.** Avec la lame du trancheur 20 cm ou du désosseur, suivez le bréchet du canard de haut en bas. Dégagez ensuite les magrets en les séparant de la carcasse. Coupez l'articulation du manchon et du haut de la carcasse. Continuez en coupant l'articulation de la cuisse et le bas de la carcasse. Dégagez la carcasse de la chair avec le trancheur. Coupez les magrets en les séparant des manchons. Dégagez le surplus de gras entourant le magret, mais laissez-en suffisamment pour une bonne cuisson. Taillez ensuite les pattes et les ailes.

2 Épluchez et coupez l'oignon en quatre avec l'éminceur 20 cm. Avec l'Économe, épluchez les légumes et, avec l'éminceur 20 cm, coupez-les en gros morceaux, sauf les carottes fanes que vous taillerez en deux dans le sens de la longueur.

3 Dans une grande cocotte, versez 2 l d'eau avec le cube de bouillon, portez à ébullition puis baissez le feu.

4 Dans une poêle, faites rapidement dorer les morceaux de canard avec l'huile d'olive. Salez et poivrez. Mettez-les dans la cocotte remplie de bouillon. Ajoutez l'oignon coupé en quartiers, le thym, le laurier, le gros sel et le poivre noir. Faites cuire à couvert environ 40 min.

5 Au bout de ce temps, ajoutez tous les légumes, de l'eau si nécessaire et laissez cuire 20 min. Répartissez les morceaux de canard et les légumes dans des assiettes creuses et versez un peu de bouillon autour. Dégustez chaud.

SELLE D'AGNEAU FARCIE AU CHORIZO ET CANTAL

TECHNIQUE : PRÉPARER ET DÉSOSSER UNE SELLE D'AGNEAU

1 **Préparez et désossez la selle d'agneau.** Posez la selle à l'envers sur une planche à découper. Avec le désosseur, éliminez les canaux et la graisse en partant de la partie la plus épaisse. Incisez la peau perpendiculairement à la colonne vertébrale. Arrachez la peau avec les mains en la tirant sur le côté, aidez-vous d'une feuille de papier absorbant. Raccourcissez les panoufles (les filets) sur les 2 côtés, elles doivent juste recouvrir le filet mignon. Glissez ensuite la lame du désosseur sous les vertèbres et dégagez la colonne vertébrale dans sa totalité. Pour éviter une rétractation de la chair pendant la cuisson, piquez le nerf dorsal tous les 2 cm.

2 Préchauffez le four à 220 °C (th. 7-8).

3 Posez la selle ouverte devant vous, déposez les tranches de chorizo et les lamelles de cantal sur toute la longueur ainsi que les feuilles de sauge. Rabattez les panoufles sur la farce, elles doivent se rejoindre sans se chevaucher. Une fois la selle roulée, ficelez-la solidement avec de la ficelle alimentaire.

4 Dans une large poêle, faites chauffer l'huile et faites dorer la selle d'agneau préalablement assaisonnée sur toutes les faces. Déposez la selle dans un plat allant au four et enfournez pour 30 min. Pour une cuisson rosée, comptez 12 min pour 500 g et pour une cuisson à point, 15 min.

5 À la sortie du four, coupez la selle en tranches avec le trancheur 20 cm. Dégustez chaud.

COUTEAUX :
désosseur
+ trancheur 20 cm

PRÉPARATION :
20 min

CUISSON :
35 min

POUR 4 PERSONNES

INGRÉDIENTS :
1 selle d'agneau
12 tranches fines de chorizo fort
100 g de cantal coupé en lamelles
6 à 8 feuilles de sauge
3 cuil. à soupe d'huile d'olive
Sel et poivre du moulin

LÉGUMES

LES AMIS DES MESSINA

81, rue Réaumur - 75002 Paris

La citation du restaurant donne d'emblée le ton : « On ne peut se faire une idée de l'Italie sans voir la Sicile. C'est en Sicile que se trouve la clef de tout » (Goethe, 1787). C'est au milieu du quartier des Halles que Les Amis des Messina font revivre l'âme de ce marché parisien disparu. Aux fourneaux, le chef Giuseppe cuisine chaque jour des produits frais dans les traditions siciliennes. Marius y va deux fois par mois pour affûter tous les couteaux de la brigade en cuisine afin que tomates, viande ou pâtes fraîches soient divinement bien coupées !

PELER, ÉMINCER ET CISELER UN OIGNON

❶ Pour émincer un oignon, arasez les 2 extrémités de l'oignon avec l'émin-ceur 20 cm.

❷ Ôtez les pellicules de peau. Rincez l'oignon. Coupez-le en deux verticalement et posez le côté plat au contact d'une planche à découper. Coupez en biais le talon (partie dure) et émincez l'oignon dans le sens des petites lignes en relief présentes sur la chair.

❸ Pour ciseler un oignon, posez le demi-oignon bien à plat sur la planche à découper. Émincez régulièrement et finement le demi-oignon à l'aide de la pointe d'un couteau sans aller jusqu'au talon (partie dure).
Tournez l'oignon d'un quart de tour puis émincez horizontalement en partant du bas en évitant toujours la partie dure.
Gardez l'oignon dans la même position et émincez finement dans le sens vertical.

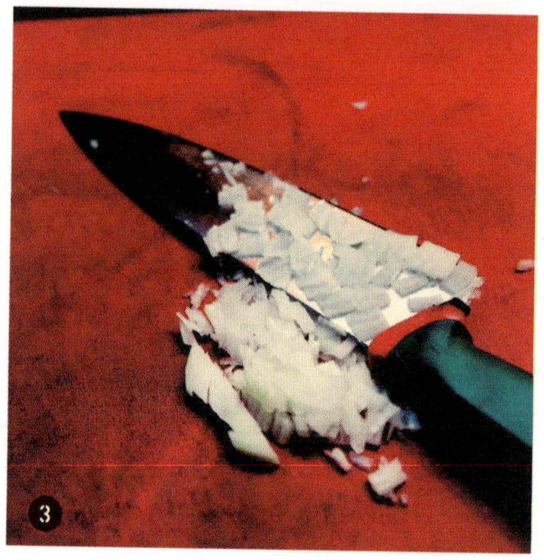

HACHER DES HERBES FRAÎCHES

Hachez les herbes finement avec l'éminceur 10 cm.

TOURNER UN CHAMPIGNON

❶ Maintenez la lame entre le pouce et l'index à la hauteur du talon du couteau. Exercez un mouvement de balancier avec la lame en partant du haut du champignon pour aller jusqu'en bas du chapeau. Pratiquez des cannelures régulières en arc de cercle.

❷ Ôtez les parties taillées. Coupez le pied du champignon.

LES COUTEAUX

6 Éminceur 25 cm

7 Éminceur 20 cm

8 Éminceur 20 cm

9 Éminceur 10 cm

1
Mandoline
Elle est l'accessoire idéal, voire indispensable, en cuisine pour faire des découpes de légumes ou de fruits très fines et de manière très rapide.

2
Bec d'oiseau
C'est un petit couteau maniable à lame recourbée au fil lisse, avec une pointe solide. La lame est courte et pratique, elle permet un travail propre. Il est idéal pour gratter les fruits et les légumes, pour les couper en morceaux et leur donner une forme décorative.

3, 4
Couteaux d'office
C'est le petit couteau polyvalent à la lame mince et semi-pointu. Il est utile dans la préparation de légumes, de poisson, d'herbes ou de desserts. Il est indispensable en cuisine pour couper, éplucher etc...

5
Économe
Muni d'une double lame, il permet d'éplucher les fruits et les légumes en entamant la pulpe le moins possible et en toute sécurité.

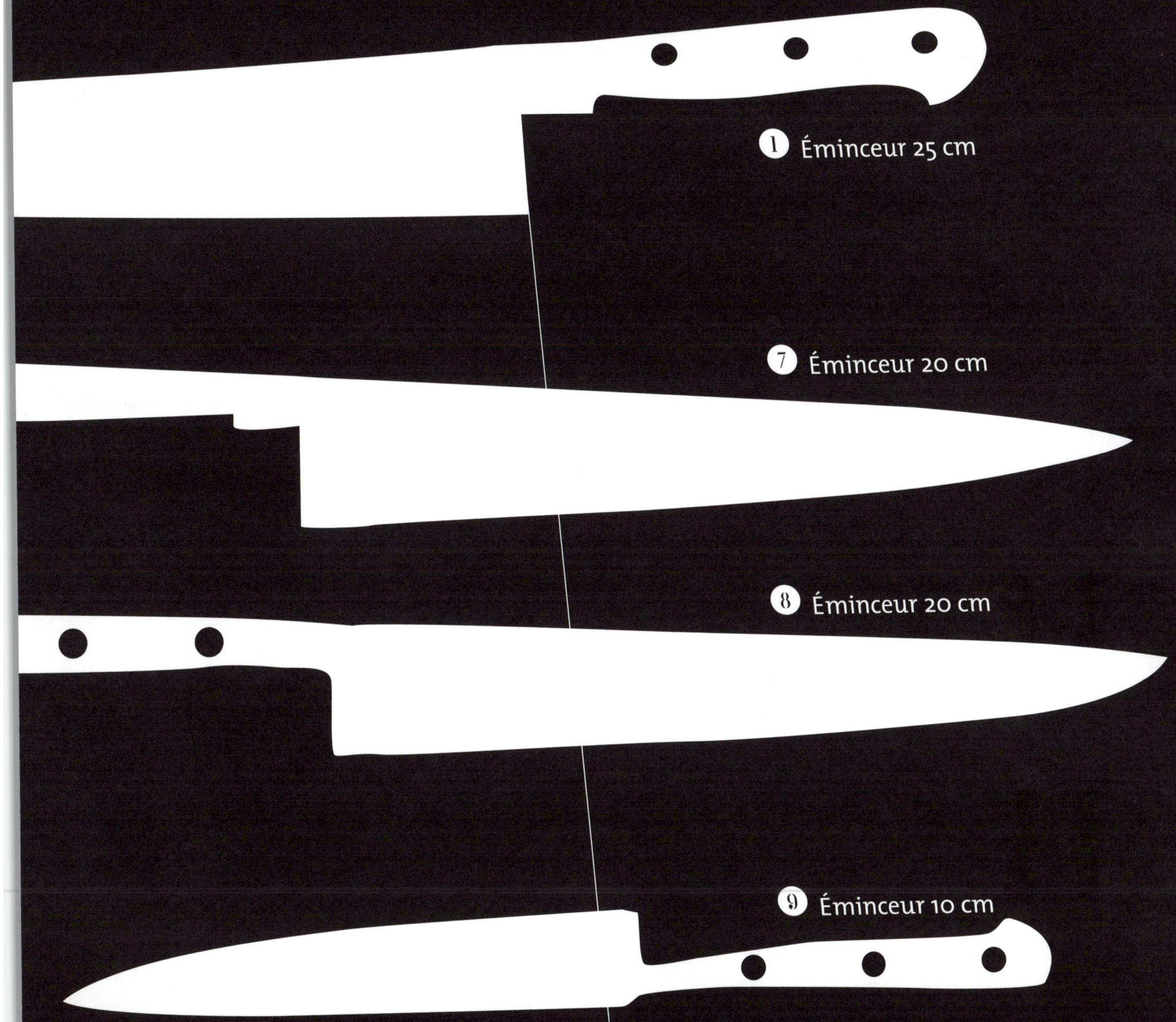

1, 6, 7, 8, 9

Couteau éminceur

Il sert aussi bien à trancher un rôti qu'à émincer un oignon, détailler des carottes en rondelles ou hacher des herbes. Son bord légèrement arrondi facilite le mouvement de bascule et la lame épaisse diminue l'effort à exercer. il existe différentes tailles de lames de 10 à 30 cm.

POTIMARRON ET FÉTA RÔTIS AU MIEL, GRAINES DE COURGE

TECHNIQUE : PRÉPARER ET COUPER UN POTIMARRON EN TRANCHES

1 Préparez et coupez le potimarron en tranches. Ôtez le pédoncule du potimarron puis coupez-le en deux avec l'émin-ceur 20 cm. Retirez les graines à l'intérieur ainsi que les fibres à l'aide d'une cuillère à soupe. Taillez ensuite chaque moitié en tranches. Vous pouvez garder la peau si elle est fine, sinon retirez-la. Posez les tranches bien à plat sur une planche à découper, puis taillez une bonne épaisseur tout le long pour retirer la peau. Il faut bien éliminer la partie jaune, qui est dure et fibreuse si la peau est épaisse.

2 Préchauffez le four à 180 °C (th. 6).

3 Effeuillez le thym. Mélangez le miel, l'huile d'olive et le thym dans un petit bol. Déposez les tranches de féta et de potimarron sur une plaque de four recouverte de papier sulfurisé et badigeonnez-les du mélange à base de miel. Salez et poivrez. Enfournez pour 20 min. Parsemez de graines de courge et dégustez chaud.

COUTEAU :
éminceur 20 cm

PRÉPARATION :
15 min

CUISSON :
20 min

POUR 4 PERSONNES

INGRÉDIENTS :
1 potimarron (environ 500 g)
2 tranches de féta de 200 g chacune
3 cuil. à soupe de miel
50 g de graines de courge
2 brins de thym
2 cuil. à soupe d'huile d'olive
Sel et poivre du moulin

SOUPE À L'OIGNON ET TOAST À LA MOELLE

TECHNIQUE : PELER ET ÉMINCER UN OIGNON

1 Pelez et émincez les oignons. Avec l'éminceur 20 cm, arasez les 2 extrémités des oignons et ôtez les pellicules de peau. Rincez les oignons. Coupez-les en deux verticalement et posez le côté plat au contact d'une planche à découper. Coupez en biais le talon (partie dure) et émincez les oignons dans le sens des petites lignes en relief présentes sur la chair.

2 Préchauffez le four à 220 °C (th. 7-8).

3 Dans une grande casserole, faites chauffer le beurre et faites suer à feu doux les oignons avec 1 belle pincée de sel, jusqu'à ce qu'ils soient totalement transparents. Poursuivez ensuite la cuisson pendant 30 min pour les caraméliser. Remuez régulièrement afin d'obtenir une belle couleur dorée.

4 Pendant ce temps, salez les 2 faces des os à moelle puis disposez-les dans un plat allant au four. Enfournez pour 35 min.

5 Terminez la soupe. Ajoutez la farine en pluie et le vin blanc dans la casserole contenant les oignons caramélisés. Versez 2 l d'eau et faites cuire à faible ébullition pendant 20 min. Rectifiez l'assaisonnement.

6 Faites griller les tranches de baguette dans un toasteur. Disposez 1 os à moelle dans chaque assiette, assaisonnez de fleur de sel et de poivre puis versez un peu de soupe à l'oignon tout autour. Dégustez chaud accompagné des tranches de baguette grillées.

COUTEAU :
éminceur 20 cm

PRÉPARATION :
20 min

CUISSON :
1 h 30

POUR 4 PERSONNES

INGRÉDIENTS :
6 oignons
4 os à moelle
½ baguette
70 g de beurre
1 cuil. à soupe de farine
10 cl de vin blanc sec
Sel et poivre du moulin

RÉMOULADE DE CÉLERI AUX RADIS ROSES ET CREVETTES

TECHNIQUE : COUPER UNE BOULE DE CÉLERI-RAVE EN JULIENNE

1 Coupez les fanes des radis, puis lavez et taillez les radis en fines rondelles avec le couteau d'office ou à la mandoline.

2 Préparez la mayonnaise. Sortez au préalable tous les ingrédients, ils doivent être à température ambiante. Posez un récipient sur un torchon mouillé plié en quatre pour éviter qu'il ne bouge. Mélangez le jaune d'œuf et la moutarde dans le récipient à l'aide d'un fouet, puis versez l'huile en mince filet tout en fouettant. Continuez jusqu'à épuisement de l'huile. La mayonnaise doit être épaisse. Versez le jus de citron. Salez, poivrez et mélangez bien. Placez au frais.

3 **Coupez la boule de céleri-rave en julienne.** Pelez la boule de céleri avec le couteau d'office. Retirez l'intégralité de la partie filandreuse qui se trouve sous la peau. Citronnez immédiatement toute la surface du céleri en frottant le ½ citron sur la chair. Avec l'éminceur 20 cm, coupez la boule de céleri en deux. À l'aide de la mandoline, coupez de fines tranches de céleri de 1 mm d'épaisseur. Superposez les tranches obtenues et taillez-les en très fins bâtonnets de 1 mm d'épaisseur.

4 Dans un saladier, mettez le céleri, les rondelles de radis roses, les crevettes et quelques cuillères à soupe de mayonnaise, remuez pour bien enrober le tout. Dégustez frais.

COUTEAUX :
éminceur 20 cm
+ couteau d'office
+ mandoline

PRÉPARATION :
30 min

POUR 4 PERSONNES

INGRÉDIENTS :
400 g de céleri-rave
½ botte de radis roses
100 g de petites crevette
roses décortiquées
½ citron

MAYONNAISE :
1 jaune d'œuf
1 cuil. à café de moutarde
forte
20 cl d'huile de pépins
de raisin
2,5 cl de jus de citron
Sel et poivre du moulin

POÊLÉE DE BLETTES ET ŒUF MOLLET

TECHNIQUE : PRÉPARER DES BLETTES

1 Préparez les blettes. Coupez la base du talon de la botte de blettes et dégagez les feuilles une à une. Séparez les côtes (partie blanche) des feuilles vertes en coupant en V avec le couteau d'office le long de la côte centrale. Lavez le tout sous l'eau froide. (Réservez les côtes pour une autre recette. Dans ce cas, taillez-les en biseau et faites-les cuire 10 à 12 min dans une eau bouillante salée). Roulez chaque feuille sur elle-même et, avec l'éminceur 20 cm, coupez-les en tranches d'environ 1 cm.

2 Pelez les gousses d'ail avec le couteau d'office et piquez-les sur une fourchette. Faites chauffer l'huile dans une poêle. Ajoutez les feuilles de blettes émincées et remuez sans cesse avec la fourchette piquée d'ail pendant 3 à 4 min à feu vif. L'eau des blettes doit être totalement évaporée. Gardez au chaud.

3 Faites bouillir de l'eau dans une casserole avec le sel et plongez-y délicatement les œufs. Faites cuire pendant 5 à 6 min. À la fin de la cuisson, passez-les sous l'eau froide. Écalez les œufs en commençant par l'extrémité la plus bombée de l'œuf où se trouve la poche d'air et décollez la petite peau fine (membrane).

4 Répartissez la fondue de blettes dans des assiettes, déposez par-dessus 1 œuf mollet et fendez-le délicatement avec le couteau d'office. Salez et poivrez. Dégustez aussitôt.

COUTEAUX :
éminceur 20 cm
+ couteau d'office

PRÉPARATION :
20 min

CUISSON :
10 min

POUR 4 PERSONNES

INGRÉDIENTS :
500 g de feuilles de blettes
4 gros œufs extra-frais
10 g de gros sel/litre d'eau
2 gousses d'ail
2 cuil. à soupe d'huile d'olive
Sel et poivre du moulin

SPAGHETTIS DE COURGETTES ET PESTO DE KALE

TECHNIQUE : TAILLER EN JULIENNE

1 Préparez le pesto. Rincez les feuilles de chou en enlevant la côte centrale. Frottez les feuilles entre elles afin de les attendrir. Dans un robot mixeur, ajoutez tous les ingrédients, un peu d'huile et assaisonnez. Mixez puis versez l'huile petit à petit jusqu'à obtenir la consistance souhaitée.

2 Préparez le poulet. Dans une poêle, versez l'huile d'olive et faites dorer les blancs de poulet pendant 5 min. Salez et poivrez. Laissez refroidir puis, avec le trancheur 20 cm, coupez les blancs en tranches de 0,5 cm.

3 **Taillez les courgettes en julienne.** Lavez et séchez les courgettes puis ôtez les extrémités. Avec la mandoline, émincez les courgettes dans la longueur. Superposez régulièrement les tranches obtenues en petits paquets, puis émincez-les dans le sens de la longueur en fins filaments avec l'éminceur 20 cm.

4 Assaisonnez les courgettes et les morceaux de poulet avec quelques cuillères de pesto au kale. Répartissez dans des assiettes creuses et décorez avec quelques feuilles d'épinards. Dégustez aussitôt.

COUTEAUX :
mandoline
+ trancheur 20 cm
+ éminceur 20 cm

PRÉPARATION :
30 min

CUISSON :
5 min

INGRÉDIENTS :
2 courgettes
3 blancs de poulet
1 cuil. à soupe d'huile d'olive
1 poignée de pousses d'épinards
Sel et poivre du moulin

PESTO AU KALE :
5 feuilles de chou kale
Le jus de 1 citron bio
40 g de pistaches
75 g de parmesan fraîchement râpé
10 à 12 cl d'huile d'olive
Sel et poivre du moulin

ASTUCE
Vous pouvez conserver le pesto plusieurs semaines au réfrigérateur en recouvrant bien la surface d'huile d'olive après chaque utilisation.

ARTICHAUTS POIVRADE AU CITRON CONFIT

TECHNIQUE : TOURNER DES LÉGUMES

1 **Tournez les artichauts poivrade.** Coupez le citron en deux avec le couteau d'office et pressez le jus d'une des moitiés dans un large récipient. Ajoutez de l'eau bien froide. Taillez la tige des artichauts en laissant 3 à 4 cm de longueur. Avec le bec d'oiseau, retirez les premières feuilles situées en haut de la tige. Coupez ensuite de fines lamelles tout autour de la tige pour enlever la peau superficielle et citronnez immédiatement avec l'autre moitié de citron.

Maintenez fermement l'artichaut de la main gauche (ou droite), les feuilles vers vous, et dégagez progressivement les feuilles avec un mouvement de va-et-vient du couteau d'office tout en contournant le fond de l'artichaut. Citronnez régulièrement pour éviter que l'artichaut ne s'oxyde et donc noircisse. Lorsque le fond est à nu, terminez en éliminant les feuilles qui se situent au-dessus du foin, puis ôtez le foin à l'aide d'une cuillère à café. Coupez les artichauts en quatre et citronnez aussitôt.

2 Réservez au fur et à mesure les fonds d'artichauts tournés dans l'eau citronnée.

3 Épluchez et ciselez l'oignon avec l'éminceur 20 cm. Rincez le citron confit, coupez-le en quartiers, retirez la pulpe. Taillez l'écorce en lanières. Lavez et effeuillez le romarin.

4 Dans une cocotte, faites suer l'oignon sans coloration pendant 5 min avec 2 cuil. à soupe d'huile. Ajoutez les quartiers d'artichauts, les gousses d'ail non pelées, le citron confit, le romarin et faites revenir 2 min. Versez le vin, salez et poivrez. Couvrez la cocotte et laissez cuire à feu moyen pendant 15 min.

5 Faites des copeaux de parmesan avec l'Économe. Répartissez les artichauts dans des assiettes, parsemez de parmesan, versez 1 filet d'huile par-dessus et dégustez aussitôt, ou froid en salade.

COUTEAUX :
bec d'oiseau
+ couteau d'office
+ éminceur 20 cm
+ Économe

PRÉPARATION :
25 min

CUISSON :
22 min

POUR 4 PERSONNES

INGRÉDIENTS :
12 artichauts poivrade
1 citron confit au sel
1 citron
1 oignon
2 brins de romarin
4 cuil. à soupe d'huile d'olive
6 gousses d'ail
30 cl de vin blanc sec
40 g de parmesan
Sel et poivre du moulin

VARIANTE
Ajoutez des olives noires et quelques copeaux de parmesan pour transformer ce plat en salade complète.

CHIPS DE POMMES DE TERRE AUX HERBES THAÏES

TECHNIQUE : COUPER DES CHIPS À LA MANDOLINE

1 Lavez, séchez et effeuillez les herbes. Réservez.

2 Retirez le pédoncule du piment rouge et coupez-le en deux, retirez les graines puis hachez-le finement avec l'éminceur 10 cm.

3 Dans un bol, émulsionnez avec un petit fouet l'huile, le jus de citron vert, la sauce poisson, le piment rouge, le poivre et le sucre brun. Réservez.

4 **Coupez les chips à la mandoline.** Épluchez les pommes de terre puis coupez-les en fines lamelles de 1,5 mm d'épaisseur avec la mandoline. Réglez l'épaisseur de coupe, faites un essai avec une pomme de terre. Une fois l'épaisseur réglée, poussez l'aliment avec un torchon (ou à l'aide d'une matrice), la paume de la main vers la lame. Rincez ensuite les lamelles dans l'eau froide plusieurs fois, égouttez-les puis séchez-les bien dans un torchon.

5 Dans une casserole, faites chauffer l'huile de friture à 160 °C. Plongez-y les chips de pommes de terre par petites quantités et laissez cuire pendant 3 à 5 min. Lorsque les chips sont colorées, retirez-les et égouttez-les sur du papier absorbant. Assaisonnez-les de sel immédiatement après la cuisson et poivrez, puis déposez-les dans un plat.

6 Mélangez les herbes à la vinaigrette thaïe. Il faut juste les enrober, elles ne doivent pas baigner dans la sauce. Parsemez les chips d'herbes assaisonnées, mélangez et dégustez aussitôt.

COUTEAUX :
mandoline
+ éminceur 10 cm

PRÉPARATION :
25 min

CUISSON :
15 min

POUR 4 PERSONNES

INGRÉDIENTS :
400 g de pommes de terre à chair ferme
½ bouquet de menthe
½ bouquet de coriandr
½ bouquet de basilic thaïlandais
1 petit piment rouge antillais
1 ½ cuil. à soupe d'huile
3 cuil. à café de jus de citron vert
2 cuil. à café de sauce poisson (nuoc-mâm)
¼ cuil. à café de poivre noir moulu
¼ cuil. à café de sucre brun
1 l d'huile de friture
Fleur de sel et poivre du moulin

RISOTTO AUX ASPERGES VERTES

TECHNIQUE : PRÉPARER DES ASPERGES

1 Pelez et émincez l'oignon avec l'éminceur 20 cm. Dans une casserole, faites suer l'oignon pendant 2 min avec le beurre puis versez le riz. Faites-le nacrer en remuant sans cesse pendant 1 à 2 min, le riz doit prendre une couleur proche de la nacre sans dorer. Versez le vin blanc, laissez-le s'évaporer complètement puis ajoutez 1 louche de bouillon. Une fois le liquide absorbé, renouvelez l'opération louche par louche tout en remuant régulièrement et délicatement pendant 18 min.

2 **Préparez les asperges.** Avec l'Économe, pelez les tiges des asperges en préservant les têtes intactes. Coupez les têtes avec l'éminceur 10 cm. Réservez. Taillez en rondelles les tiges des asperges avec l'éminceur en prenant soin d'ôter la partie la plus dure située au pied de l'asperge.

3 Faites bouillir une grande quantité d'eau salée, ajoutez les rondelles d'asperges et faites cuire sans couvrir pendant 10 min. Égouttez et mixez avec le parmesan râpé. Faites cuire les têtes d'asperges 3 min dans une eau bouillante salée. Égouttez et réservez.

4 Terminez le risotto. Ôtez du feu, incorporez le parmesan râpé à la purée d'asperges en remuant délicatement et couvrez pendant 2 min. Répartissez le risotto dans des assiettes creuses, décorez avec les pointes d'asperges et poivrez. Dégustez chaud.

COUTEAUX :
éminceur 10 cm
+ éminceur 20 cm
+ Économe

PRÉPARATION :
30 min

CUISSON :
35 min

POUR 4 PERSONNES

INGRÉDIENTS :
1 grosse botte d'asperges vertes
200 g de riz arborio
½ oignon
30 g de beurre
10 cl de vin blanc
1 cube de bouillon de légumes + 50 cl d'eau bouillante
150 g de parmesan fraîchement râpé
Sel et poivre du moulin

ŒUFS COCOTTE ET DUXELLES DE CHAMPIGNONS

TECHNIQUE : TAILLER DES CHAMPIGNONS DE PARIS EN BRUNOISE

1 **Taillez les champignons de Paris en brunoise.** Cassez les pieds des champignons à la main. Avec l'éminceur 10 cm, coupez transversalement les têtes en commençant par le haut des champignons. Vous devez obtenir des rondelles nettes de 2 à 3 mm d'épaisseur. Superposez ensuite les rondelles obtenues et taillez-les en fins bâtonnets de 2 à 3 mm. Réunissez les bâtonnets et coupez-les en petits dés de 2 à 3 mm.

2 Préchauffez le four à 140 °C (th. 3-4) avec 4 ramequins à l'intérieur.

3 Pelez et émincez l'échalote avec l'éminceur 10 cm. Dans une poêle, faites chauffer l'huile d'olive, ajoutez l'échalote et faites-la suer avec 1 pincée de sel. Ajoutez les champignons et le laurier. Poursuivez la cuisson jusqu'à ce que les champignons aient rendu toute leur eau et soient fondants. Retirez le laurier et réservez.

4 Sortez les ramequins du four. Beurrez-les en les tenant avec un torchon sec. Garnissez-les avec la duxelles de champignons. Cassez 1 œuf dans chaque ramequin. Couvrez chaque ramequin d'une feuille de papier d'aluminium et enfournez pour 15 min.

5 Sortez les ramequins du four, assaisonnez de fleur de sel et de poivre et dégustez chaud.

COUTEAU :
éminceur 10 cm

PRÉPARATION :
20 min

CUISSON :
25 min

POUR 4 PERSONNES

INGRÉDIENTS :
4 œufs extra-frais
20 g de beurre

DUXELLES DE CHAMPIGNONS
500 g de gros champigno
de Paris
1 échalote
3 cuil. à soupe d'huile d'oli
1 feuille de laurier
Fleur de sel et poivre
du moulin

ASTUCE
Vous pouvez utiliser les pieds de champignons et les parures pour réaliser un velouté.

RATATOUILLE AUX ZESTES D'ORANGE

COUTEAUX :
éminceur 20 cm
+ couteau d'office
+ Économe micro-denté

PRÉPARATION :
30 min

CUISSON :
35 min

POUR 4 PERSONNES

INGRÉDIENTS :
500 g de tomates allongées
1 courgette
1 aubergine
1 poivron jaune
1 poivron rouge
1 oignon
3 gousses d'ail
1 orange
6 cuil. à soupe d'huile d'olive
1 dosette de safran
4 brins de thym
2 feuilles de laurier
15 cl de vin blanc
2 cuil. à soupe de vinaigre balsamique blanc
Sel et poivre du moulin

TECHNIQUE : COUPER DES LÉGUMES EN DÉS

1 Pelez et émincez l'oignon avec l'éminceur 20 cm. Épluchez les gousses d'ail avec le couteau d'office et écrasez-les sous la lame de l'éminceur 20 cm.

2 Lavez les tomates. Dans une casserole, portez de l'eau à ébullition et plongez-y les tomates 15 s au maximum. Sortez-les de l'eau bouillante à l'aide d'une écumoire et rafraîchissez-les immédiatement dans un bain d'eau glacée. Pelez les tomates avec le couteau d'office, puis coupez-les en quatre et retirez les graines.

3 **Coupez les légumes en dés.** Pelez la courgette et l'aubergine (facultatif). Coupez leurs extrémités et, avec l'éminceur 20 cm, taillez-les en tranches régulières de 1,5 cm. Superposez les tranches obtenues et coupez-les en bâtonnets de 1,5 cm de largeur. Maintenez les bâtonnets bien alignés, puis taillez-les en dés de 1,5 cm de largeur.
Épluchez les poivrons avec l'Économe micro-denté, ôtez le pédoncule et coupez-les en deux. Retirez les graines et les membranes blanches. Avec l'éminceur 20 cm, coupez chaque moitié en deux dans le sens de la longueur, puis coupez-les en bâtonnets de 1,5 cm de largeur. Maintenez les bâtonnets bien alignés, puis taillez-les en dés de 1,5 cm de largeur.

4 Prélevez les zestes de l'orange à l'aide d'un zesteur et pressez le jus. Réservez.

5 Faites chauffer 2 cuil. à soupe d'huile dans une casserole, ajoutez les dés de poivrons et de courgette, faites cuire sans coloration pendant 5 min. Débarrassez dans une assiette et, dans la même poêle, versez 2 autres cuillères à soupe d'huile et faites dorer les dés d'aubergine. Débarrassez dans l'assiette. Versez 2 autres cuillères d'huile et ajoutez l'oignon, l'ail, le safran, le thym et le laurier, faites cuire 2 à 3 min en remuant, puis versez le vin blanc et faites évaporer de moitié. Versez le vinaigre balsamique, ajoutez les tomates, le reste des légumes, le jus et le zeste d'orange et faites cuire pendant 15 min, en remuant régulièrement. Salez et poivrez. Dégustez chaud ou froid.

POIVRONS, FENOUIL ET AUBERGINES SAUTÉS

TECHNIQUE : ÉMINCER UN BULBE DE FENOUIL

1 Lavez les légumes. Coupez le pédoncule du poivron avec le couteau d'office, retirez avec les doigts le maximum de membranes blanches et les graines. Coupez-le en deux et, avec l'éminceur 10 cm, terminez de retirer les membranes blanches restantes et émincez chaque moitié en lanières. Ôtez le pédoncule des aubergines et, avec l'éminceur 10 cm, taillez-les en fines rondelles. Pelez et émincez l'oignon rouge avec l'éminceur 20 cm. Coupez les tranches de jambon en fines lamelles. Épluchez et écrasez l'ail avec la lame du couteau d'office.

2 Émincez le bulbe de fenouil. Arasez le talon du bulbe avec le couteau d'office. Dégagez les premiers pétales de chair s'ils sont jaunâtres ou flétris. Raccourcissez les tiges vertes et retirez la totalité des feuilles (vous pouvez les garder pour la décoration finale si vous le souhaitez). Coupez ensuite le bulbe en deux ou trois en fonction de la grosseur et, avec l'éminceur 20 cm, émincez-le régulièrement en partant de la partie verte pour aller jusqu'au talon.

3 Dans une poêle chaude, sans matière grasse, faites dorer les pignons de pin environ 2 min et débarrassez dans un bol. Dans la même poêle, versez l'huile d'olive et ajoutez l'oignon rouge, faites-le suer 2 à 3 min en remuant régulièrement puis ajoutez l'ail, le poivron, les aubergines et le fenouil. Faites revenir à feu vif pendant 5 min, puis baissez le feu et laissez cuire pendant 15 min en remuant régulièrement. À la fin de la cuisson, ajoutez les pignons de pin et les lamelles de jambon. Salez et poivrez et dégustez chaud.

COUTEAUX :
couteau d'office
+ éminceur 10 cm
+ éminceur 20 cm

PRÉPARATION :
25 min

CUISSON :
25 min

POUR 4 PERSONNES

INGRÉDIENTS :
1 gros poivron vert (ou 2 petits)
1 bulbe de fenouil
2 petites aubergines
1 oignon rouge
4 tranches de jambon cru
1 gousse d'ail
40 g de pignons de pin
2 cuil. à soupe d'huile d'ol
Sel et poivre du moulin

CHOU ROUGE CONFIT AU MIEL ET AU VINAIGRE

TECHNIQUE : PRÉPARER ET ÉMINCER UN CHOU

1 **Préparez et émincez le chou.** Avec l'éminceur 25 cm, coupez le ½ chou rouge en deux. Taillez le talon des quartiers de chou en biais pour bien éliminer le reste du trognon et la base des grosses nervures des feuilles. Écartez légèrement les feuilles des quartiers sans les séparer et plongez-les dans un grand bain d'eau afin de les laver. Égouttez-les. Maintenez ensuite fermement le quartier de chou sur une planche à découper et émincez-le régulièrement dans la largeur.

2 Pelez et émincez l'oignon avec l'éminceur 20 cm. Dans une grande cocotte, faites suer l'oignon dans l'huile, puis ajoutez le chou et laissez mijoter 5 min en remuant régulièrement. Ajoutez les graines d'anis, le vinaigre balsamique, le cidre et le miel. Salez et de poivrez. Laissez mijoter à feu doux à couvert pendant 1 h, en remuant de temps en temps. Dégustez chaud.

COUTEAUX :
éminceur 25 cm
+ éminceur 20 cm

PRÉPARATION :
10 min

CUISSON :
1 h 05

POUR 4 PERSONNES

INGRÉDIENTS :
½ chou rouge
2 cuil. à soupe de miel parfumé
3 cuil. à soupe de vinaigre balsamique blanc
1 oignon
2 cuil. à soupe d'huile d'olive
½ cuil. à café de graines d'anis
20 cl de cidre
Sel et poivre du moulin

ASTUCE
Vous pouvez accompagner le chou rouge confit d'une saucisse de Morteau.

PAINS, FROMAGES ET FRUITS

LES FOUS DE L'ÎLE

33, rue des Deux-Ponts - 75004 Paris

C'est la dernière adresse où Marius a exercé son métier de chef cuisinier avant de partir vers cette belle aventure de rémouleur. Il connaît donc très bien le patron du restaurant, Boris Bazan, et la chef Anaïs Dutilleul. Ici, les produits frais et de saison sont mis à l'honneur et le menu change tous les jours ! Marius y retourne régulièrement pour affûter les couteaux de cuisine.

LATARTE

5, rue de Damiette - 75002 Paris

C'est Sébastien Dumotier qui a créé ce lieu unique mélangeant restaurant, take-away et pâtisserie. Après une carrière de directeur artistique dans la mode, Sébastien s'est formé chez Ferrandi pour pouvoir vivre de sa passion et ainsi partager avec les autres l'amour des produits frais et du « fait maison », que l'on retrouve quotidiennement dans ses délicieuses tartes ! Marius l'a rencontré par le biais d'une photographe, le feeling est tout de suite passé, il s'occupe des couteaux de Sébastien environ une fois par mois.

LaTarte
Paris
Fondée en 2015

PELER À VIF UN AGRUME

Avec le couteau d'office, coupez les 2 extrémités de l'agrume jusqu'à la pulpe, de manière à lui donner une assise très stable sur une planche à découper (côté pédoncule et côté opposé).

Posez le fruit bien à plat sur une des 2 bases, à la verticale, et avec le filet de sole coupez l'écorce en arc de cercle en partant du haut. Ne laissez aucune peau blanche.

PELER ET DÉCOUPER UN ANANAS

❶ Avec le couteau à pain ou le couteau émin-ceur, coupez les 2 extrémités de l'ananas.

❷ Posez-le ensuite debout sur une des 2 bases puis coupez la peau à ras en partant du haut et en allant jusqu'en bas. La découpe doit être franche et nette. Continuez sur toute la surface, en suivant la forme arrondie et oblongue du fruit.

❸ Retirez ensuite les petits yeux, très désa-gréables en bouche. Coupez à l'aide de l'éminceur 20 cm des petites tranchées en V en suivant les diagonales le long des yeux ou retirez les yeux avec la pointe de l'Économe.

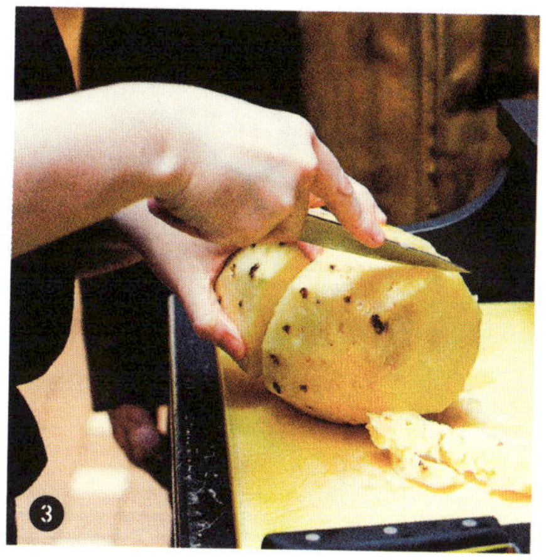

LES COUTEAUX

9 Couteau à génoise
8 Éminceur 20 cm
PROFESSIONNEL SABATIER
7 Éminceur 10 cm
PALLARES SOLSONA INOX
6 Couteau d'office
5 Économe

4

Couperet à fromage

Il fait partie de la famille des couteaux de service mais il pourra vous servir en cuisine pour couper des fromages à pâte pressée cuite ou à pâte dure.

2, 3

Couteaux à pain

La denture de sa lame coupe toutes les croûtes : pain dur ou mou et même certains fruits comme l'ananas.

1, 4, 5, 6, 7

Certains couteaux appartenant aux autres catégories servent dans certaines préparations de fruits, fromages et pain comme le filet de sole utilisé pour peler à vif des agrumes, l'Économe, le couteau d'office ou l'éminceur.

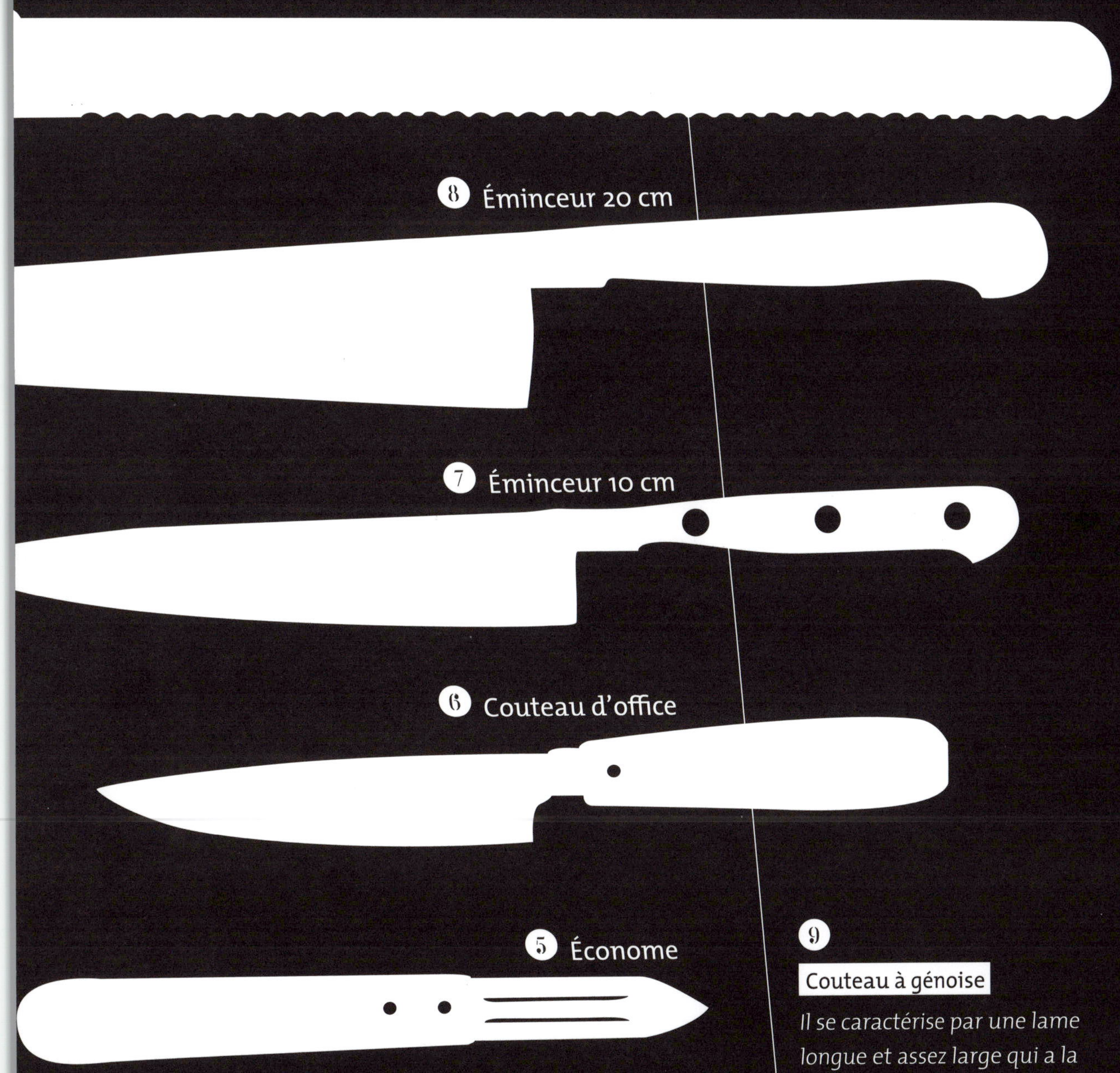

9

Couteau à génoise

Il se caractérise par une lame longue et assez large qui a la particularité d'être semi-rigide. Sa lame dentelée, à la fois ferme et flexible, favorise un découpage doux et net tout en délicatesse. Outre la génoise, ce couteau découpe également avec finesse les brioches et autres pains de mie.

FINGERS CROQUE-MONSIEUR AU CAMEMBERT

TECHNIQUE : COUPER DU CAMEMBERT

1 Sortez le beurre à l'avance pour qu'il devienne très mou. En revanche, laissez jusqu'à la dernière minute le camembert au réfrigérateur. Avec l'éminceur 20 cm, retirez les croûtes du pain de mie.

2 **Coupez le camembert.** Avec l'éminceur 20 cm, écroûtez le camembert partiellement ou dans sa totalité. Coupez-le ensuite en tranches d'environ 0,5 cm d'épaisseur. Déposez les tranches les unes à côté des autres sur une feuille de papier sulfurisé.

3 Tartinez de beurre toutes les faces des tranches de pain de mie. Déposez sur la moitié d'entre elles 1 tranche de jambon blanc plié et 1 de camembert, puis refermez avec le reste du pain. Dans une poêle chaude, faites dorer les croque-monsieur 2 à 3 min de chaque côté. Lorsqu'ils sont bien dorés et croustillants, ôtez du feu.

4 Déposez les croque-monsieur sur une planche à découper puis, avec l'éminceur 20 cm, taillez-les en bâtonnets d'environ 1,5 cm. Déposez-les dans des assiettes ou dans des cornets en papier sulfurisé et dégustez chaud.

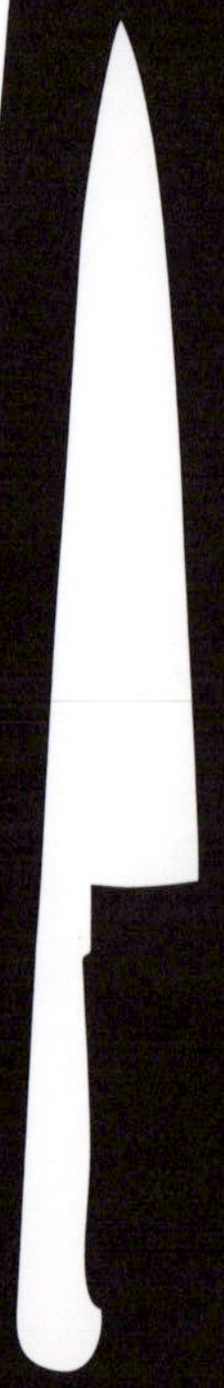

COUTEAU :
éminceur 20 cm

PRÉPARATION :
10 min

CUISSON :
6 min

POUR 4 PERSONNES

INGRÉDIENTS :
8 tranches de pain de mi
1 camembert
40 g de beurre salé
4 tranches de jambon bla

CLUB SANDWICH POULET, BACON ET AVOCAT

TECHNIQUE : COUPER DU PAIN

1 Lavez et essorez la roquette. Pelez l'oignon rouge et coupez-le en rondelles avec l'éminceur 20 cm. Épluchez et coupez l'avocat en deux avec l'éminceur 10 cm, retirez le noyau. Récupérez la chair à l'aide d'une cuillère à soupe et déposez-la dans un bol. Arrosez-la avec le jus de citron vert, ajoutez le piment et le sel. Écrasez le tout avec une fourchette. Mélangez bien.

2 Dans une poêle chaude, versez l'huile et faites dorer les filets de poulet pendant 5 min. Salez et poivrez. Laissez refroidir puis coupez les filets en tranches de 0,5 cm d'épaisseur avec l'éminceur 20 cm. Dans la même poêle, faites griller les tranches de bacon. Réservez.

3 **Coupez le pain.** Posez la boule de pain de campagne bien à plat sur une planche à découper. Coupez des tranches de 1 cm d'épaisseur avec le couteau à pain. Commencez par le bord de la boule et, dans un mouvement ample, rejoignez le centre puis l'autre bord. La découpe doit être franche et nette.

4 Faites toaster les tranches de pain de campagne. Tartinez 4 tranches de pain avec la mayonnaise et 4 autres avec la purée d'avocat. Déposez quelques tomates confites, des rondelles d'oignon et 2 tranches de bacon sur celles recouvertes de mayonnaise. Et recouvrez du reste d'ingrédients celles tartinées à l'avocat. Superposez 1 tranche mayonnaise avec 1 tranche avocat et refermez avec 1 tranche de pain non garnie. Piquez chaque sandwich de 1 ou 2 piques en bois, puis coupez en deux ou en quatre avec le couteau à pain. Dégustez.

COUTEAUX :
couteau à pain
+ éminceur 20 cm
+ éminceur 10 cm

PRÉPARATION :
15 min

CUISSON :
10 min

POUR 4 PERSONNES

INGRÉDIENTS :
3 filets de poulet
8 tranches de bacon
1 avocat
1 poignée de roquette
1 oignon rouge
Le jus de 1 citron vert
1 pincée de piment de Cayenne
4 cuil. à soupe d'huile d'olive
1 boule de pain de campagne
4 cuil. à soupe de mayonnaise
15 tomates confites
Fleur de sel et poivre du moulin

BRUSCHETTAS À LA TOMME ET RAISIN ROUGE

TECHNIQUE : COUPER UN FROMAGE À PÂTE DURE

1 Coupez des tranches de pain de campagne avec le couteau à pain. Faites-les toaster.

2 Lavez et séchez le raisin. Détachez les grains de la grappe et coupez-les en deux avec le couteau d'office.

3 **Coupez la tomme.** Retirez la croûte. Avec le couperet à fromage, taillez de fines lamelles. La coupe doit être régulière.

4 Déposez sur chaque tranche de pain des lamelles de tomme et quelques grains de raisin. Versez 1 filet de miel et poivrez. Déposez les bruschettas sur des assiettes et dégustez.

COUTEAUX :
couperet à fromage
+ couteau à pain
+ couteau d'office

PRÉPARATION :
15 min

CUISSON :
7 min

POUR 4 PERSONNES

INGRÉDIENTS :
1 boule de pain de campagne
200 g de tomme de Savoie
½ grappe de raisin rouge
3 cuil. à soupe de miel
Poivre du moulin

TARTINES DE POIRE AU ROQUEFORT

TECHNIQUE : COUPER ET VIDER UNE POIRE

1 Coupez et videz les poires. Retirez en premier le pédoncule, c'est-à-dire la partie opposée à la petite queue, avec la pointe de l'Économe. Épluchez la poire en lui conservant sa forme. Rafraîchissez la coupe du pédoncule (la petite queue). Coupez la poire en deux dans le sens de la hauteur avec l'éminceur 20 cm. Évidez la poire avec la pointe de l'Économe en creusant un rond tout autour des pépins centraux. Extrayez l'intégralité des pépins. (Vous pouvez également utiliser une cuillère à pomme parisienne.) Avec l'éminceur, coupez ensuite chaque moitié en 3 lamelles.

2 Dans une poêle, faites fondre le beurre et faites revenir les lamelles de poires 2 à 3 min de chaque côté.

3 Faites toaster les tranches de pain de campagne. Coupez des lamelles de roquefort avec l'éminceur 10 cm. Déposez le fromage et les poires sur les tranches de pain et arrosez de 1 filet de miel. Poivrez et dégustez tiède.

COUTEAUX :
Économe
+ éminceur 20 cm
+ éminceur 10 cm

PRÉPARATION :
10 min

CUISSON :
10 min

POUR 4 PERSONNES

INGRÉDIENTS :
4 tranches de pain de campagne
2 poires (type conférence)
150 g de roquefort
30 g de beurre
1 cuil. à soupe de miel
Poivre du moulin

ANANAS RÔTI AU RHUM

TECHNIQUE : PELER ET DÉCOUPER UN ANANAS

1 Pelez et découpez l'ananas (voir pas à pas p. 159). Avec le couteau à pain, coupez les 2 extrémités de l'ananas, posez-le ensuite debout sur une des 2 bases puis coupez la peau à ras en partant du haut et en allant jusqu'en bas. La découpe doit être franche et nette. Continuez sur toute la surface, en suivant la forme arrondie et oblongue du fruit. Retirez ensuite les petits yeux, très désagréables en bouche. Coupez à l'aide de l'éminceur 20 cm des petites tranchées en V en suivant les diagonales le long des yeux ou retirez les yeux avec la pointe de l'Économe. Taillez ensuite des rondelles de 2 cm d'épaisseur.

2 Dans un bol, mélangez le rhum avec le sucre et la cannelle. Déposez les rondelles d'ananas dans un plat puis versez le mélange à base de rhum par-dessus. Enrobez bien les rondelles de ce mélange. Laissez mariner 15 min.

3 Filtrez ensuite le jus et transférez-le dans une petite casserole. Faites-le réduire à feu moyen pendant 8 min, jusqu'à obtenir une consistance sirupeuse.

4 Pendant ce temps, faites fondre le beurre dans une large poêle et ajoutez les tranches d'ananas égouttées. Faites-les dorer 1 à 2 min sur chaque face.

5 Déposez les tranches d'ananas dans des assiettes, garnissez de 1 boule de glace à la vanille si vous le souhaitez et arrosez de jus à base de rhum. Dégustez chaud.

COUTEAUX :
couteau à pain
+ éminceur 20 cm
ou Économe

PRÉPARATION :
15 min

MARINADE :
15 min

CUISSON :
12 min

POUR 4 PERSONNES

INGRÉDIENTS :
1 ananas
12 cl de rhum brun
100 g de sucre roux
1 cuil. à café de cannelle en poudre
40 g de beurre demi-sel
Glace à la vanille (facultatif)

PANNACOTTA AU PAMPLEMOUSSE ROSE

COUTEAUX :
filet de sole
+ couteau d'office

PRÉPARATION :
15 min

CUISSON :
2 min

RÉFRIGÉRATION :
3 h

POUR 4 PERSONNES

INGRÉDIENTS :
1 pamplemousse rose
400 g de crème liquide
10 cl de lait
5 feuilles de gélatine
1 gousse de vanille
65 g de sucre

TECHNIQUE : PELER UN AGRUME À VIF ET LEVER LES SEGMENTS

1 Plongez les feuilles de gélatine dans un récipient rempli d'eau froide. Coupez la gousse de vanille en deux dans le sens de la longueur et grattez les graines avec la lame du couteau d'office.

2 Dans une casserole, mettez la crème, le lait, le sucre, la gousse et les graines de vanille et faites frémir. Dès le début de l'ébullition, retirez la casserole du feu et ajoutez les feuilles de gélatine essorées. Remuez bien à l'aide d'un fouet et versez la crème dans des petits moules ou des verrines. Laissez refroidir 3 h au réfrigérateur.

3 **Pelez le pamplemousse à vif et lever ses segments** (voir pas à pas p. 158). Avec le couteau d'office, coupez les 2 extrémités du pamplemousse jusqu'à la pulpe, de manière à lui donner une assise très stable sur une planche à découper (côté pédoncule et côté opposé). Posez le pamplemousse bien à plat sur une des 2 bases, à la verticale, et avec le filet de sole coupez l'écorce en arc de cercle en partant du haut. Ne laissez aucune peau blanche. Une fois le pamplemousse pelé à vif, détachez les segments (ou suprêmes). Séparez les segments des membranes à l'aide du filet de sole. Glissez la lame entre la membrane et le segment.

4 Disposez les segments de pamplemousse sur le dessus des pannacottas bien prises et dégustez frais.

TARTE À LA MANGUE ET CRÈME VANILLÉE

TECHNIQUE : COUPER UNE MANGUE

1 Préparez la crème vanillée. Dans une casserole, faites bouillir le lait avec la gousse fendue en deux dans la longueur, puis laissez infuser 15 min. Retirez la gousse, grattez les graines et ajoutez-les au lait. Dans un saladier, fouettez les jaunes d'œufs, le sucre et la fécule. Versez sur les œufs la moitié du lait bouillant en fouettant. Reversez la préparation dans la casserole avec le reste du lait. Mélangez à feu doux, jusqu'à ce que la crème épaississe. Recouvrez d'un film alimentaire au contact de la crème et placez-la 3 h au réfrigérateur.

2 Préparez la pâte à tarte. Dans un robot, versez la farine, le beurre froid coupé en morceaux, le sucre glace, le sel et la poudre d'amandes. Mixez afin d'obtenir une consistance sableuse. Ajoutez ensuite l'œuf entier et mixez de nouveau, jusqu'à ce que la pâte soit lisse. Formez ensuite une boule de pâte puis aplatissez-la avec la paume de la main, farinez-la légèrement et enveloppez-la dans un film alimentaire. Placez-la au réfrigérateur pendant 1 h au minimum.

3 Au bout de ce temps, farinez le plan de travail, étalez la pâte au rouleau. Beurrez le moule puis déposez la pâte en la collant bien aux parois. Piquez la pâte, avec une fourchette et coupez l'excédent. Placez le moule au réfrigérateur pendant 1 h.

4 Préchauffez le four à 180 °C (th. 6). Déposez 1 feuille de papier sulfurisé sur la pâte, puis versez dessus les haricots. Enfournez pour 15 min, retirez ensuite les poids de cuisson et poursuivez la cuisson pendant 13 min. Laissez refroidir à température ambiante.

5 **Coupez la mangue.** Pelez la mangue avec l'économe microdenté. Pour ôter le noyau, posez la mangue face à vous sur la partie la moins large de l'ovale. Imaginez une ligne au milieu de la mangue et, avec l'éminceur 20 cm, coupez à environ 1 cm de cette ligne. Une fois que vous sentez le noyau sous la lame du couteau, coupez autour du noyau. Taillez l'autre partie de la même manière, toujours en contournant le noyau. Récupérez ensuite le reste de chair autour du noyau, puis taillez chaque joue en fines lamelles.

6 Garnissez le fond de tarte refroidi de crème vanillée et disposez par-dessus les lamelles de mangue. Poivrez avec le poivre Timut.

COUTEAUX :
éminceur 20 cm
+ Économe micro

PRÉPARATION :
45 min

CUISSON :
35 min

INFUSION :
15 min

RÉFRIGÉRATION :
3 h

POUR 4 PERSONNES

INGRÉDIENTS :
1 grosse mangue
250 g de farine
150 g de beurre froid + 20 g pour le moule
85 g de sucre glace
30 g de poudre d'amandes
1 œuf
5 g de sel fin
Poivre Timut (facultatif)
1 paquet de haricots blancs ou autres (ou des billes de cuisson)

CRÈME À LA VANILLE :
50 cl de lait
1 gousse de vanille
4 jaunes d'œufs
80 g de sucre
40 g de fécule de maïs

COUTEAUX :
couteau à génoise
+ couteau d'office

PRÉPARATION :
30 min

CUISSON :
45 min

POUR 4 PERSONNES

INGRÉDIENTS :
200 g de fraises
4 œufs moyens ou gros
200 g de sucre
125 g de beurre doux
1 cuil. à café d'extrait de vanille ou 1 sachet de sucre vanillé
200 g de farine
1 cuil. à café de levure chimique
1 pincée de sel

CRÈME CHANTILLY :
½ gousse de vanille
25 cl de crème fleurette très froide
20 g de sucre glace

FRAISIER REVISITÉ

TECHNIQUE : DÉCOUPER UNE GÉNOISE OU UN SPONGE CAKE

1 Préchauffez le four à 180 °C (th. 6).

2 Séparez les blancs des jaunes d'œufs. Dans un saladier, fouettez les jaunes avec le sucre jusqu'à ce que le mélange blanchisse et soit bien crémeux.

3 Faites fondre le beurre au micro-ondes ou dans une petite casserole. Ajoutez dans le saladier l'extrait de vanille et le beurre fondu, mélangez bien. Tamisez ensuite la farine et la levure et remuez avec le fouet. Dans un autre saladier, battez les blancs d'œufs en neige avec le sel et ajoutez-les délicatement au mélange précédent pour obtenir une pâte bien lisse. Beurrez un moule à manqué de 18 à 20 cm de diamètre, versez-y la pâte et enfournez pour 45 min. Laissez totalement refroidir.

4 Pendant ce temps, préparez la crème Chantilly. Aplatissez et coupez la ½ gousse de vanille dans le sens de la longueur avec le couteau d'office. Récupérez les graines à l'intérieur avec la lame du couteau et versez-les avec la crème fleurette dans un récipient. Montez la crème en chantilly avec un fouet manuel ou électrique. Une fois que la crème a doublé de volume, incorporez le sucre glace en remuant énergiquement avec le fouet. Versez la chantilly dans une poche munie d'une douille, puis placez-la au réfrigérateur.

5 Lavez, séchez puis équeutez les fraises. Coupez-les en deux ou en quatre. Réservez.

6 **Découpez la génoise.** Déposez le gâteau sur une petite grille type volette à pâtisserie. Posez votre main sur le centre de la génoise et incisez-la avec le couteau à génoise en opérant un léger mouvement de scie. Gardez la même position de découpe et faites tourner le gâteau avec votre main d'appui. Une fois le tour de la génoise effectué, découpez le centre et ouvrez en deux.

7 Étalez de la crème Chantilly sur une moitié de la génoise, déposez par-dessus les fraises et recouvrez de chantilly. Fermez avec l'autre disque de génoise et recouvrez de chantilly. Dégustez aussitôt ou placez au réfrigérateur.

LaTarte
SILVERLINE

INDEX DES TECHNIQUES

POISSONS

VIANDES

LÉGUMES

PAINS, FROMAGES ET FRUITS

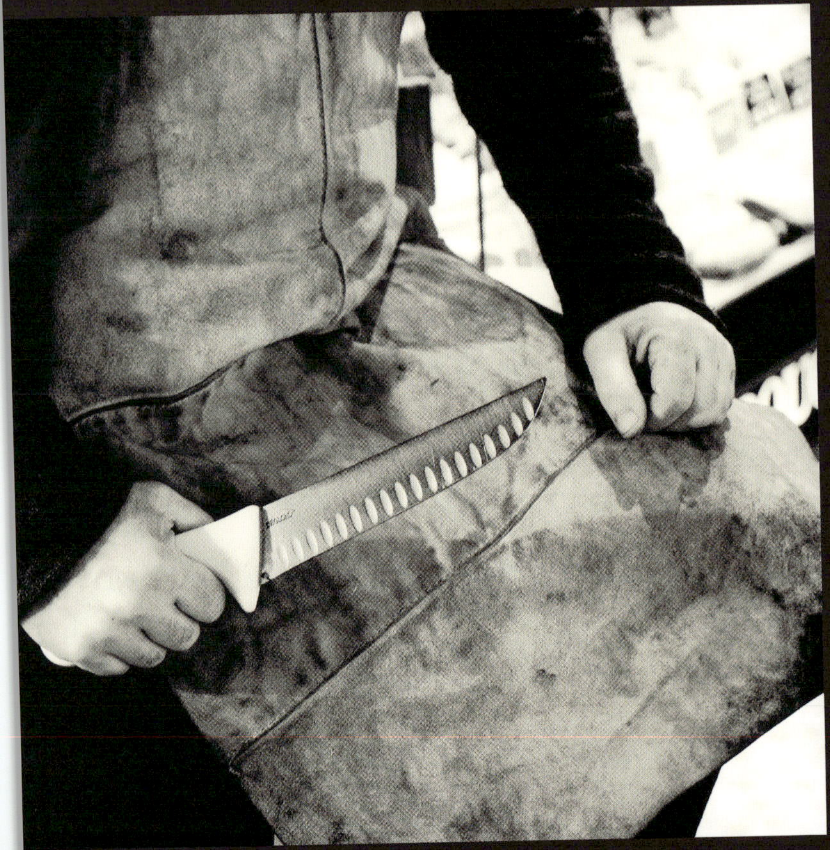

TABLE DES MATIÈRES

INTRODUCTION

POISSONS

VIANDES

LÉGUMES

PAINS, FROMAGES ET FRUITS

caviar

Marius, Emanuela et Mélanie remercient pour leur participation au livre, leur gentillesse et leur temps si précieux : Sébastien Dumotier du restaurant LaTarte, le chef Guiseppe du restaurant Les amis des Messina, John Gillot de La boucherie moderne, Arnaud Kuoniam de La poissonnerie de Monge, Boris Bazan et la chef Anaïs Dutilleul du restaurant Les Fous de l'Ile.

Toute l'équipe remercie également L'école Alain Ducasse pour le prêt des couteaux, grâce auxquels nous avons pu réaliser de jolies photos !

Nous remercions tous le chef Thierry Marx pour la préface du livre et pour nous avoir accordé de son temps si précieux pour le reportage-photo réalisé dans son restaurant « Sur Mesure By Thierry Marx ».

Emanuela, Mélanie et Marius

Je remercie mon père Fernand d'avoir cru en moi, de m'avoir soutenu dans mon projet et de m'avoir aidé dans la construction de l'atelier de mon premier taxi. Je remercie également Margot pour son aide au quotidien dans la recherche de nouveaux clients et son travail sur les réseaux sociaux. Et enfin, je remercie Elsa et Thomas pour la création de mon logo et de mon site internet.

Marius

Direction : Catherine Saunier-Talec
Responsable éditoriale : Céline Le Lamer
Responsable de projet : Juliette Spiteri
Responsable artistique : Antoine Béon
Réalisation intérieure : Le BDAG
Mise en page : IDT
Correction : Catherine Schram
Fabrication : Amélie Latsch
Responsable partenariats : Sophie Morier (smorier@hachette-livre.fr)

Dépôt légal : octobre 2016
82-4228-3
ISBN : 978-2-01-135662-8
Imprimé en Chine.

www.hachette-pratique.com
facebook.com/hachettecuisine